Daniela Abu-Subhieh

Philosophieren mit Kindern und Jugendlichen im IRU

Daniela Abu-Subhieh

Philosophieren mit Kindern und Jugendlichen im IRU

Ein möglicher Beitrag zur Bildung als Selbstbestimmung nach Marian Heitger

VDM Verlag Dr. Müller

Impressum/Imprint (nur für Deutschland/ only for Germany)

Bibliografische Information der Deutschen Nationalbibliothek: Die Deutsche Nationalbibliothek verzeichnet diese Publikation in der Deutschen Nationalbibliografie; detaillierte bibliografische Daten sind im Internet über http://dnb.d-nb.de abrufbar.

Alle in diesem Buch genannten Marken und Produktnamen unterliegen warenzeichen-, marken- oder patentrechtlichem Schutz bzw. sind Warenzeichen oder eingetragene Warenzeichen der jeweiligen Inhaber. Die Wiedergabe von Marken, Produktnamen, Gebrauchsnamen, Handelsnamen, Warenbezeichnungen u.s.w. in diesem Werk berechtigt auch ohne besondere Kennzeichnung nicht zu der Annahme, dass solche Namen im Sinne der Warenzeichen- und Markenschutzgesetzgebung als frei zu betrachten wären und daher von jedermann benutzt werden dürften.

Coverbild: www.purestockx.com

Verlag: VDM Verlag Dr. Müller Aktiengesellschaft & Co. KG
Dudweiler Landstr. 99, 66123 Saarbrücken, Deutschland
Telefon +49 681 9100-698, Telefax +49 681 9100-988, Email: info@vdm-verlag.de

Herstellung in Deutschland:
Schaltungsdienst Lange o.H.G., Berlin
Books on Demand GmbH, Norderstedt
Reha GmbH, Saarbrücken
Amazon Distribution GmbH, Leipzig
ISBN: 978-3-639-14372-0

Imprint (only for USA, GB)

Bibliographic information published by the Deutsche Nationalbibliothek: The Deutsche Nationalbibliothek lists this publication in the Deutsche Nationalbibliografie; detailed bibliographic data are available in the Internet at http://dnb.d-nb.de.

Any brand names and product names mentioned in this book are subject to trademark, brand or patent protection and are trademarks or registered trademarks of their respective holders. The use of brand names, product names, common names, trade names, product descriptions etc. even without a particular marking in this works is in no way to be construed to mean that such names may be regarded as unrestricted in respect of trademark and brand protection legislation and could thus be used by anyone.

Cover image: www.purestockx.com

Publisher:
VDM Verlag Dr. Müller Aktiengesellschaft & Co. KG
Dudweiler Landstr. 99, 66123 Saarbrücken, Germany
Phone +49 681 9100-698, Fax +49 681 9100-988, Email: info@vdm-verlag.de

Printed in the U.S.A.
Printed in the U.K. by (see last page)
ISBN: 978-3-639-14372-0

KURZFASSUNG

Diese Arbeit beschäftigt sich mit der Möglichkeit, Philosophieren mit Kindern und Jugendlichen im Sinne eines gemeinsamen Nachdenkens im islamischen Religionsunterricht als Unterrichtsprinzip einzusetzen.

Dabei sollen die jungen Menschen mit ihren Fragen nach Sinn und Orientierung in ihren Erkenntnisbemühungen ernst genommen und ermutigt werden. Allgemein menschliche Fragestellungen (Glück, Liebe, Gerechtigkeit...) werden bewusst aufgegriffen und reflektiert: was bedeutet das jetzt für mich? Ein solcher philosophischer Zugang zu religiösen Fragen bedeutet: mehr dazu bedenken, mehr dazu in Erfahrung bringen. In der Ausrichtung auf das Unendliche wird sich dann der Mensch nach Heitger seiner Aufgabe bewusst, sich in seinem Menschsein zu bestimmen: Wo stehe ich? Wohin will ich?

Der sokratische Dialog ist hierbei ein zentrales Element. Durch ein bewusstes, gemeinsames Nachdenken über sich selbst und die anderen (das „Eigene" und das „Fremde") werden darüber hinaus wichtige Grundlagen des interkulturellen Lernens unterstützt. Einerseits kann der islamische Religionsunterricht damit zur Persönlichkeitsbildung der ihm anvertrauten jungen Menschen beitragen, andererseits wird durch die bewusstere Selbstwahrnehmung und verbesserte Dialogfähigkeit eine Integration in die Gesamtgesellschaft gefördert. Dies nicht nur im Hinblick auf Österreich, sondern auch im Hinblick darauf, dass das Jahr 2008 von der Europäischen Union zum "Jahr des interkulturellen Dialogs" ausgerufen wurde, womit die hohe Relevanz des interkulturellen Dialogs in Zeiten der EU-Erweiterung, Liberalisierung der Arbeitsmärkte und Globalisierung ins Bewusstsein der EuropäerInnen gerückt werden sollte.[1]

Wer sich selbst und andere kennt,
wird auch hier erkennen: Orient und Okzident
sind nicht mehr zu trennen.[2]

Goethe

---

[1] Vgl.http://www.interculturaldialogue2008.eu/406.0.html?&L=1&redirect_url=my-startpage-eyid.html [Stand:13.6.08].
[2] Vgl. http://www.derislam.at/haber.php?sid=116&mode=flat&order=1 [Stand: 13.6.08].

i

DANKSAGUNG

Gedankt sei an dieser Stelle in erster Line allen Personen an und außerhalb der Universität Wien, die an der Einrichtung des Masterstudiums „Islamische Religionspädagogik" beteiligt waren. Weiters gebührt Dank all jenen geduldigen HelferInnen im Hintergrund, die uns Studierende in der noch sehr jungen Forschungseinheit am Institut für Bildungswissenschaft stets mit Freundlichkeit entgegengekommen sind. Gedankt sei auch allen Vortragenden im Studium - für viele war unser Studium ein absolutes Novum und daher eine Herausforderung. Auch alle Verwaltungsmitarbeiter der Forschungseinheit „Islamische Religionspädagogik" waren immer äußerst bemüht, uns Studenten während der Studiendauer zu unterstützen.Meiner Masterarbeitsbetreuerin Frau Dr. Liselotte Abid danke ich ebenfalls auf das Herzlichste für alle ihre Bemühungen und Ratschläge bei der Entstehung dieser Arbeit.

Schließlich bedanke ich mich bei meinem Mann, Dipl. Ing. Jehad Abu-Subhieh, der mir gegenüber sein Wort gehalten und mich im Gegenzug für meine Unterstützung bei seinem Studium während meines Studiums nach Kräften unterstützt hat. Das allermeiste verdanke ich jedoch meinen drei Kindern Jasmin, Samy und Karim, die mich durch ihre bloße Existenz zur Positionierung in wesentlichen Fragen „gezwungen" haben: „Mama, wie ist denn das jetzt eigentlich...?"

INHALTSVERZEICHNIS

1. EINLEITUNG

Im Kontext der postmodernen Leistungs- und Wissensgesellschaft werden Orientierung und Sinnfindung für Kinder und Jugendliche zunehmend schwieriger. Gesellschaftlichen Anforderungen an das Leistungsvermögen der jungen Menschen steht ihr zutiefst menschlicher Anspruch auf Persönlichkeitsbildung gegenüber. Es stellt sich somit für alle angehenden AHS-LehrerInnen (auch ReligionslehrerInnen) die Frage, wie Bildung in der Schule dem gesetzlichen Auftrag entsprechend unter den Bedingungen der postmodernen Wissens- und Leistungsgesellschaft weiterhin zur Selbstbestimmung beitragen kann. Der österreichische Bildungswissenschaftler *Marian Heitger* hat hier besonders auf einen notwendigen Zusammenhang von Bildung und Religion hingewiesen[3]: durch eine Orientierung auf das Unendliche wird sich der Mensch in seiner Endlichkeit der fortwährenden Aufgabe bewusst, sich in seinem Menschsein zu bestimmen...pädagogisch ausgedrückt: sich zu bilden.[4] Bildung dient bei Heitger also in erster Linie der Selbstbestimmung, und nach Böhm ist Erziehung in Heitgers Verständnis die *im Dialog* geleistete Hilfe zur Selbstbestimmung.[5] Dieses bildungstheoretische Konzept kann seine praktische Umsetzung durch das Modell des Philosophierens mit Kindern und Jugendlichen finden.[6] Aktuell wird bereits ein viersemestriger Lehrgang „Theologisieren und Philosophieren mit Kindern" an der kirchlichen pädagogischen Hochschule in Wien für evangelische und katholische ReligionslehrerInnen unter der Leitung von Dr. Elisabeth E. Schwarz durchgeführt.[7]

Das Modell wird zunehmend im interkulturellen Bereich eingesetzt (siehe Fournés Pkt. 2.1.3 und Camhy Pkt. 3.1), da Reflexionen über „das Eigene" und „das Fremde" wesentlich zum interkulturellen Lernen und somit zum Aufbau interkultureller Handlungskompetenz beitragen. Auch im Hinblick auf das derzeit laufende europäische Jahr des interkulturellen Dialogs scheint m.E. der Hinweis auf Gemeinsamkeiten und gemeinsame Wurzeln im Denken der Gegenwart und Vergangenheit in einer Zeit der „Kulturkampftheorien" überaus wichtig. Mit dem

---

[3] Vgl. http://www.akv.or.at/uploads/media/Marian_Heitger.doc [Stand: 13.6.08].
[4] Vgl. Heitger, 1991, S. 107.
[5] Vgl. Böhm, 2004, S. 16.
[6] Vgl. Fournés, 2002, S. 151.
[7] Vgl. http://kompetenz.kphvie.at/index.php?id=220 [Stand: 13.6.08].

1

Europäischen Jahr des interkulturellen Dialogs will die Europäische Union ein Zeichen setzen und die kulturelle Vielfalt Europas ins Bewusstsein der EU-Bürger rücken.[8] Die Anerkennung des muslimisch-arabischen bzw. östlichen Erbes und seines Einflusses neben dem griechisch-römischen Erbe Europas kann bei den Menschen auch in Bezug auf den Islam ein neues Bewusstsein hervorrufen: wir haben, wie Prinz El-Hassan bin Talal von Jordanien, der Empfänger des diesjährigen Abraham-Geiger Preises[9], es ausdrückt, *viel mehr gemeinsam, als wir annehmen.*[10]

1.1 Zielsetzung

In der vorliegenden Arbeit soll versucht werden, das Konzept des Philosophierens mit Kindern für den islamischen Religionsunterricht nutzbar zu machen und dadurch einen Beitrag zur Persönlichkeitsentwicklung muslimischer Kinder zu leisten. Da die Entwicklung einer Gesprächskultur durch den Dialog ein zentrales Element des Modells ist, kann diese im geschützten Raum des islamischen Religionsunterrichts eingesetzte Methode zur verbesserten Dialogfähigkeit muslimischer Kinder beitragen, und somit zu einer verbesserten Integration in die Gesamtgesellschaft. Dies nicht im Geiste einer ideologisch aufgeladenen Kampfstimmung, sondern im Sinne von: *„Mehr aneinander denken, mehr miteinander reden, mehr voneinander lernen, mehr füreinander dasein – Juden, Christen, Muslime, alle anderen, mit oder ohne Religion, der Westen und der Osten, der Norden und der Süden."*[11]

1.2 Methodisches Vorgehen

Nach einer knappen Darstellung der Idee der Bildung als Selbstbestimmung bei Marian Heitger sollen Elemente der Selbstbestimmung bei Harry Harun Behr (muslimischer Pädagoge) und Halima Krausen (Islamwissenschaftlerin/Theologin) aufgezeigt werden. Um auf die hohe Bedeutung des gemeinsamen griechischen Erbes und des selbstständigen Denkens in der islamischen Geschichte hinzuweisen,

---

[8] Vgl. http://www.interculturaldialogue2008.eu/406.0.html?&L=1&redirect_url=my-startpage-eyid.html [Stand 10.6.08].
[9] Vgl. http://www.abraham-geiger-kolleg.de/abk_preis_dankesrede.php [Stand 10.6.08].
[10] Vgl. http://www.tagesspiegel.de/magazin/wissen/Europa-Nahost-Philosophie;art15842,2383490 [Stand 10.6.08].
[11] Behr, 2007c, S. 1.

werden einige bekannte Vertreter der islamischen Philosophie vorgestellt (Avicenna, Al-Ghazali, Averroes).

Die praktische Umsetzung der theoretischen Überlegungen soll durch das Modell des Philosophierens mit Kindern und Jugendlichen im islamischen Religionsunterricht (IRU) versucht werden. Nach der exemplarischen Darstellung einiger bedeutender kinderphilosophischer Ansätze (Lipman, Matthews, Martens, Brüning, Zoller) sollen nach einer kurzen Prüfung der entwicklungspsychologischen Voraussetzungen (Piaget) sowie Aspekten der Interkulturellen Psychologie Methoden und Medien des Modells erläutert werden. Dabei sollen exemplarisch Medien ausgesucht werden, die im IRU Verwendung finden können: Qur'anische Geschichten, Gleichnisse, Sufigeschichten, Fabeln... Durch Stundenentwürfe soll die praktische Umsetzung abgeschlossen und im Detail dargelegt werden.

1.3 Entwicklung der Problemstellung

1.3.1 Soll-Zustand: Persönlichkeitsbildung im SchOG 1962

Nach § 2 Abs1 des Schulorganisationsgesetzes (SchOG) BGBl. Nr. 242/1962 hat *die österreichische Schule* grundsätzlich *die Aufgabe, an der Entwicklung der Anlagen der Jugend nach den sittlichen, religiösen und sozialen Werten sowie nach den Werten des Wahren, Guten und Schönen durch einen ihrer Entwicklungsstufe und ihrem Bildungsweg entsprechenden Unterricht mitzuwirken.* Hier werden zuerst Aspekte der Wertevermittlung sowie der Persönlichkeitsbildung erwähnt, der Wissenserwerb kommt erst im zweiten Satz: *Sie* (die Schule) *hat die Jugend mit dem für das Leben und den künftigen Beruf erforderlichen Wissen und Können auszustatten und zum selbsttätigen Bildungserwerb zu erziehen.* Gleich im Anschluss an die Persönlichkeitsbildung des Einzelnen folgt der Bezug zur Gesellschaft: *Die jungen Menschen sollen zu gesunden, arbeitstüchtigen, pflichttreuen und verantwortungs-bewussten Gliedern der Gesellschaft und Bürgern der demokratischen und bundesstaatlichen Republik Österreich herangebildet werden.*[12] Der Gesetzgeber intendiert gemäß dieser grundlegenden Stelle keinen Unterricht, der ausschließlich auf Leistung ausgerichtet ist, sondern einen Unterricht, der vor allem auch auf eine persönlichkeitsbildende Wirkung abzielt.

---

[12] Vgl. http://www.bmukk.gv.at/schulen/recht/gvo/schog_01.xml#02 [Stand: 25.2.08].

Die Wichtigkeit der Persönlichkeitsbildung lässt sich im AHS-Lehrplan ebenfalls feststellen. Unter dem Punkt „Bildungsziele" wird zunächst erläutert: *Die AHS hat die Aufgabe, den SchülerInnen eine umfassende und vertiefte Allgemeinbildung zu vermitteln und sie zur Hochschulreife zu führen (§34 des SchOG).* [13] Es wird dann im Weiteren neben dem Wissenserwerb und der Entwicklung von Kompetenzen gleich anschließend die *Vermittlung von Werten* angeführt. Besonders gefördert werden sollen die Bereitschaft zum selbständigen Denken und zur kritischen Reflexion. Unter dem Punkt „Leitvorstellungen" im AHS-Lehrplan finden sich noch genauere Zielangaben: es begegnen uns Schlagworte wie Weltoffenheit, Akzeptanz, Respekt sowie gegenseitige Achtung im Rahmen des interkulturellen Lernens und im Geschlechterumgang. Auch auf die Wahrnehmung von demokratischen Mitsprache- und Mitgestaltungsmöglichkeiten wird hingewiesen, welche Urteilsbildung und Übernahme sozialer Verantwortung als Befähigung voraussetzen. Zur Entwicklung all dieser Fähigkeiten wird daher die Förderung von Selbstsicherheit und von selbstbestimmtem Handeln angegeben – wieder Faktoren der Persönlichkeits- bildung. Explizit erwähnt wird auch die Auseinandersetzung mit ethischen und moralischen Werten, diese soll den jungen Menschen in ihrem Bedürfnis nach einem sinnerfüllten Leben entgegenkommen. Die jungen Menschen sind (wörtlich) *bei der Entwicklung zu eigenverantwortlichen Persönlichkeiten zu fördern, sowie in der Herausforderung, in ihrem Dasein einen Sinn zu finden.* Zu den Aufgabenbereichen der AHS gehört laut Lehrplan zum einen die Wissensvermittlung, durch die die SchülerInnen Sachkompetenz erwerben können. Zum anderen sollen sich Selbst- und Sozialkompetenz durch die Entwicklung der eigenen Begabungen und Möglichkeiten entfalten. Auf die religiös-ethische-philosophische Bildungsdimension wird nach der Wissensvermittlung und den Kompetenzen gesondert hingewiesen: dass die SchülerInnen *„vor den Fragen nach Sinn und Ziel stehen"*, sowie *„ein Verlangen nach einem sinnerfüllten Leben haben"*, davon geht der Gesetzgeber im vorliegenden Lehrplan aus.

1.3.2 Ist-Zustand: Jugend unter Leistungsdruck

Soviel zu den Soll-Vorgaben des Gesetzgebers. Wie aber sieht in diesem Zusammenhang die praktische Umsetzung aus? Kann der Unterricht an der AHS in der Praxis diesen Ansprüchen nach Persönlichkeitsbildung gerecht werden? Stehen

---

[13] Vgl. http://www.oepu-noe.at/recht/lp/index.htm [Stand: 25.2.08].

LehrerInnen hier nicht vielmehr unter dem Druck, ihren „Stoff" durchbringen zu müssen, m.a.W. das Leistungsprinzip wichtiger nehmen zu müssen? Der österreichische Jugendkulturforscher Bernhard Heinzlmaier hat sich in seinem Report *Jugend unter Druck* u.a. mit dieser Thematik beschäftigt, und sein Urteil ist bereits in der Einleitung alarmierend: er konstatiert aufgrund eines massiven Leistungsdrucks Depressionen und Stresserkrankungen schon bei Kindern, neue Formen von Alkoholmissbrauch bei Jugendlichen sowie einen allgemeinen Mangel an Diskursen über Wert- und Sinnfragen.[14]

Aus der direkten Befragung von Jugendlichen und jungen Erwachsenen zu dem, was ihnen wirklich wichtig ist (Werte) schlussfolgert Heinzlmaier eine Hochrüstung für den Konkurrenzkampf des Arbeitslebens sowie eine Konsumorientiertheit.[15] Der Glaube an Gott ist nur mehr für knapp 10% der Befragten sehr wichtig, liegt aber immerhin noch vor dem Engagement in der Politik, das mit 5% Zustimmung noch schlechter abschneidet.[16] Heinzlmaier verwendet nach den Ergebnissen seines Reports für den (post-)modernen Persönlichkeitstypus als Charakteristikum den Ausdruck „posttraditioneller Materialist", was heißen soll, dass hier im Kern das „Cui Bono" regiere: vor allem die Frage nach dem persönlichen Nutzen würde das Handeln der postmodernen Pragmatiker leiten.[17]

Für den gesellschaftlich allgemein akzeptierten Leistungsdruck bezahlen die jungen Menschen einen hohen Preis: sich gestresst und unter Druck zu fühlen ist nach Heinzlmaier schon eine Grundbefindlichkeit der jungen Menschen in unserer Zeit geworden.[18] Viele der Befragten haben den Eindruck, dass es nicht mehr um sie als Person gehen würde, sondern nur um die erbrachten Leistungen. Alarmierend ist die Tatsache, dass besonders jüngere Jugendliche (11-14 Jahre) stark unter dem gesellschaftlichen Leistungsdruck zu leiden scheinen. 70% meinen nach Heinzlmaier, dass der Druck in der Schule von Jahr zu Jahr stärker würde, wobei sich auch 45% zusätzlich von den Eltern unter Druck gesetzt fühlen. Heinzelmaier führt im Weiteren an, dass Alkohol und rauscherzeugende Substanzen in diesem Zusammenhang Mittel sein können, um aus einer unerträglich gewordenen Realität

---

[14] Vgl. Heinzlmaier, 2007, S. 2.
[15] Vgl. ebenda, S. 4.
[16] Vgl. ebenda, S. 5.
[17] Vgl. ebenda, S. 6.
[18] Vgl. ebenda, S. 7.

zu entfliehen und um so die Gleichförmigkeit des gesellschaftlichen Alltags zu durchbrechen.[19]

Der Jugendkulturforscher Heinzlmaier schlägt daher als Präventivmaßnahmen u.a. vor, Jugendliche zu Formen tieferer Sinnfindung zu „verführen".[20] Das durch die Konsumgesellschaft über die Jahre aufgebaute Sinndefizit soll nach Heinzlmaier durch eine breit angelegte und ernsthaft geführte Wertediskussion bekämpft werden.[21] Die Schule sieht Heinzlmaier hierbei grundsätzlich als Plattform für derartige Diskussionen – derzeit würde die Schule dafür nicht ausreichend genützt werden. Heinzlmaier plädiert daher für eine radikale Erhöhung von Unterrichtseinheiten, die auf Selbst- und Gesellschaftsreflexion ausgerichtet sind. Das Ziel: eine kritische Reflexion über die möglichen inhumanen Auswirkungen eines unreflektiert vorherrschenden Leistungsdenkens. Heinzlmaier nimmt auch Bezug auf die derzeitige Politikverdrossenheit der Bevölkerung. Diese habe ihren Grund darin, dass die Menschen spüren: politisches Engagement hat nichts mehr mit Werten zu tun, sondern vielmehr mit dem eigenen pragmatischen Vorteil.[22] Die Politik brauche, um für die Menschen wieder interessant zu werden, „richtige" Konservative, Sozialisten…etc. Menschen jedenfalls, „die nicht nur so tun als ob". Heinzlmaier entwirft die Vision eines posttraditionellen Idealisten: Ein solcher Mensch wäre ein „Dividuum", eine Einheit aus selbstlosem Idealisten und selbstbezogenem Individualisten. Dieser Persönlichkeitstypus sollte von Politikern als „Agent eines auf Gemeinschaftssinn und Solidarität gerichteten Wandels" wertgeschätzt werden, im Gegensatz zum pragmatischen Ego-Menschen, der derzeit auf den Sockel gehoben werde.

In der 15. deutschen Shell Jugendstudie aus dem Jahr 2006 wird die Lage nicht ganz so dramatisch geschildert.[23] Dort wird zwar ebenfalls anerkannt, dass die heutige Jugend unter steigendem Druck steht, gleichzeitig wird aber auf das pragmatische Potenzial der jungen Leute hingewiesen. Leistungsbereitschaft und eine Orientierung an konkreten Problemen stellen demnach die Grundeinstellung der jungen Generation dar, wobei eine positive Zukunftsaussicht überwiegt. Im Gegensatz zu

---

[19] Vgl. ebenda, S. 9.
[20] Vgl. ebenda, S. 11.
[21] Vgl. ebenda, S. 17.
[22] Vgl. ebenda, S. 18.
[23] Vgl. Shell Jugendstudie, Zusammenfassung, 2006, Online im WWW unter URL: http://www.shell.com/home/content/de-de/society_environment/jugendstudie/2006/dir_jugendstudie.html [Stand: 24.6.08].

Heinzlmaier kann in der Shell Studie von einem Ausstieg in vermeintliche Ersatzwelten so schnell keine Rede sein. Bezüglich der Bildung wird festgehalten, dass der soziale Status der Familie in Deutschland (und international) seine Auswirkungen auf die Bildungs- und somit Berufslaufbahn hat. Sozial privilegierte Jugendliche besuchen bessere Schulen, Unterschichtsangehörige eher Haupt- und Sonderschulen. Dessen sind sich die Jugendlichen bewusst: junge Menschen an Hauptschulen blicken weniger optimistisch in die Zukunft als Gleichaltrige an Gymnasien. Bei schlechter Wirtschaftslage ist jedoch die Zukunft auch bei großer Leistungsanstrengung keineswegs gesichert. Daher ist bei den Jugendlichen gemäß den Autoren der Shell Studie nach wie vor eine starke Familienorientierung festzustellen. Die Familie kann hier die Möglichkeit eines Spannungsausgleichs bieten: Sicherheit, sozialen Rückhalt und emotionale Unterstützung.

Das politische Interesse der Jugendlichen in Deutschland ist wie in Österreich eher als gering einzustufen. Ca. 60% der westdeutschen Jugendlichen sind zwar mit den bestehenden politischen Verhältnissen sehr zufrieden, gegenüber ca. 40% der ostdeutschen Jugendlichen. Die Jugendlichen haben im Allgemeinen auch Vertrauen in gesellschaftliche Institutionen, jedoch ein geringes Vertrauen in politische Parteien. Trotz dieser Politikverdrossenheit engagieren sich Jugendliche für andere Menschen und setzen sich für gesellschaftliche Anliegen ein. Dies vor allem in Vereinen, Schulen und Hochschulen, gefolgt von Kirchengemeinden und Jugendorganisationen. Wichtig ist den jungen Menschen hierbei, dass die gesellschaftliche Aktivität einerseits persönliche Befriedigung bringt und andererseits befriedigende soziale Beziehungen hinzukommen. Die Autoren der Shell Jugendstudie resümieren an dieser Stelle, dass jugendliche Integration in erster Line individuell geschieht, und weniger kollektiv: entscheidend sind das persönliche Interesse und das soziale Umfeld.

Im Gegensatz zu Heinzlmaier, der bezüglich der Jugendlichen nur vom Typus des „postmodernen Materialisten" schreibt, unterscheiden die Autoren der Shell Jugendstudie 2006 vier verschiedene Typen von Jugendlichen. Neben den Materialisten, die hauptsächlich am eigenen Wohlergehen interessiert sind, existieren hier auch die Idealisten, die aufgrund einer günstigeren sozialen Herkunft höheren Werten gegenüber als aufgeschlossen erscheinen. Beide Gruppen umfassen nach den Angaben in der Studie ca. die Hälfte der Jugendlichen. Die andere Hälfte wird von einem weiteren Gegensatzpaar gebildet: von Machern und Unauffälligen. Macher haben zu jenen Werten eine positives Verhältnis, die zu einer aktiven und vielseitigen Lebensgestaltung motivieren. Den Unauffälligen fehle diese Motivation zur Aktivität aufgrund ungünstiger Ausgangsbedingungen im Elternhaus.

In der Shell Studie wird mehrfach betont, dass das Wertesystem der Jugendlichen insgesamt eine positive und stabile Ausrichtung aufweist. Ganz oben auf der Skala stehen Familie und Freundschaft, gefolgt von persönlicher Unabhängigkeit bzw. Entwicklung einer eigenen Identität sowie Fleiß und Ehrgeiz. Religion spielt in diesem Wertesystem jedoch wie in Österreich im Allgemeinen eine eher geringe Rolle, von einer Renaissance der Religion könne keine Rede sein. Wertesystem und praktisches Verhalten der meisten Jugendlichen haben nur eine sehr mäßige Beziehung zu kirchlich-religiösen Glaubensvorgaben. Es gibt hier jedoch nach den Autoren der Studie innerhalb der Jugend große religiöse Unterschiede. Ostdeutsche Jugendliche haben sich weitgehend von Religion und Kirche verabschiedet, während westdeutsche Jugendliche sich „Patchwork" Religionen zusammenbasteln. Bei Jugendlichen mit Migrationshintergrund hat „echte" Religiosität noch einen starken Rückhalt, wobei besonders häufig islamische und christlich-orthodoxe Jungendliche an einen persönlichen Gott glauben, sowie christliche Migranten. Die Autoren der Studie weisen insbesondere darauf hin, dass seitens der Öffentlichkeit oft der Vorwurf bestünde, Religionsferne oder –beliebigkeit führten zu einer Werteinstabilität. Das Wertesystem der Jugendlichen sei aber nach den Ergebnissen der Studie sehr wohl stabil und positiv ausgerichtet, von einem Werteverfall könne man nicht sprechen. Entscheidend ist dabei, dass trotz der unterschiedlichen Typen von Jugendlichen (religionsfern, -beliebig, echt religiös) die jugendlichen Wertesysteme viele Gemeinsamkeiten aufweisen. Migranten seien trotz ihrer traditionell religiösen Orientierung ebenso den Gütern und Freuden des Lebens zugewandt, wie andere Jugendliche. Die typischen Werte der Jugendkultur bilden somit eine wichtige gemeinsame Basis zwischen den Milieus der Migranten, bzw. der West- und Ostdeutschen. Meines Erachtens kommt es jetzt darauf an, den Jugendlichen diese gemeinsame Wertebasis bewusst zu machen, um dadurch einen Beitrag zum sozialen Frieden leisten zu können.

2. THEORETISCHE VORÜBERLEGUNGEN

2.1 Bildung als Selbstbestimmung: Marian Heitger

Ein wichtiger „Kämpfer gegen den Zeitgeist" (Kampits) für selbstbestimmte Bildung unabhängig von gesellschaftlicher Instrumentalisierung ist in diesem Zusammenhang der Bildungswissenschaftler Marian Heitger.[24] Heitger war von 1966 bis 1995 Professor am Institut für Bildungswissenschaften an der Universität Wien, er hat die deutschsprachige Pädagogik der 2. Hälfte des 20. Jahrhunderts maßgeblich mitgestaltet: als Forscher, akademischer Lehrer, erfolgreicher Autor und Herausgeber.[25] Für Heitger ist Bildung die Entfaltung der Möglichkeiten jedes Einzelnen im Sinne eines rechten Gebrauchs der Vernunft. Es gehe bei Bildung nicht um das gute Abschneiden beim Pisatest, sondern darum, *selbstständige Persönlichkeiten heranzubilden*. Heitger betont auch ausdrücklich die Wichtigkeit eines Transzendenzbezugs für die Erziehung. Interessant ist bei Heitger, dass er einen notwendigen Zusammenhang von Religion und Bildung sieht. Eine seiner grundlegenden Thesen lautet, dass Bildung ohne Religion nicht möglich sei und Religion auf Bildung angewiesen bleibe.[26] Pädagogik, die nur auf Ausbildung reduziert sei, ohne Rücksicht auf einen sinnstiftenden Gesamtzusammenhang, öffne einer Instrumentalisierung des Menschen Tür und Tor: junge Menschen würden so den jeweiligen gesellschaftlichen Mächten mit ihren wechselnden Ansprüchen ausgeliefert werden.[27]

2.1.1 Über den notwendigen Zusammenhang von Religion und Bildung

Heitgers oben angeführte These ist keine oberflächliche Spekulation, sondern knüpft am menschlichen So-Sein an. Auf Heitgers Religionsbegriff, der nicht an etablierten Religionen hängen bleibt sondern eigentlich ein philosophisch-ethischer ist, wird weiter unten noch eingegangen. Wer nach Heitger von der Möglichkeit der Pädagogik überhaupt spreche, der setze voraus, dass der Mensch nicht von

---

[24] Vgl. Beig, Stefan: Sein Ziel: Erziehung zu freien Bürgern/Würdigung des Bildungsforschers Marian Heitger, in: Wiener Zeitung vom16.10.2007, Online im WWW unter URL: http://www.wienerzeitung.at/DesktopDefault.aspx?TabID=3935&Alias=wzo&cob=307618&currentpage =3 [Stand: 13.6.08].
[25] Vgl. Böhm, 2004, S. 7.
[26] Vgl. Heitger, 1991, S. 91.
[27] Vgl. ebenda, S. 94.

vornherein so sei, wie er sein solle. Wenn der Mensch nicht schon so ist, wie er sein sollte und auch sein könnte, wenn er andererseits als Subjekt in seinem konkreten Menschsein nicht das bloße Ergebnis biologischen Wachsens oder gesellschaftlich ökonomischer Determination ist, wenn er sich selbst zu dem machen muss, was er ist, *dann muss er um sich selbst wissen können*: um sein Verhalten, um dessen zeitliches Nacheinander. Dieses Wissen um sich ist kein gegenständliches Wissen, kein Wissen in Einzelheiten, sondern vielmehr ein Wissen um Einzelheiten, ein Wissen im Überschauen des zeitlichen Nacheinanders. Im Überschauen seiner selbst, im Wissen um sich und seine Erlebnisse stellt sich, so Heitger, mit Notwendigkeit die Frage nach Ordnung und Einheit seiner selbst, wobei diese Frage die Rechtfertigung seiner Akte einschließt. Sie ist immer universal und betrifft das Menschsein in allen seinen Vollzügen. Denn dieses Wissen begleitet alles einzelgegenständliche Erkennen, alle Erlebnisse.[28] Heitger erklärt dann im Weiteren, dass sich im Wissen des Wissens die Bindung des Denkens an die eine Wahrheit dokumentiere: diese Bindung ist die Bedingung dafür, dass wir zwischen wahr und falsch unterscheiden können. Im Wissen um unsere Erlebnisse dokumentiere sich dagegen die Bindung an das eine unendliche Gute: diese Bindung ist die Bedingung dafür, dass wir uns über uns und unser Handeln Rechenschaft geben können. Das Wissen um unser Wissen ist aber nach Heitger nicht Gegenstand unseres Erkennens, sondern eben dessen *Bedingung*. Während alles gegenständliche Wissen stückhaft sei, wäre das Anerkennen der Bedingung (des Wissens um das Wissen) Gewissheit. Heitger hält dann fest, dass wenn der Gewissheit eines Wissens das Glauben im Sinne von Religion entspreche, dann ergebe sich daraus die These, dass alle im Lehren und Lernen auf Bildung abzielende Bemühung Religion notwendig voraussetze. Religion ist nach diesem Verständnis kein zufälliger Zusatz zur Bildung, sondern ihre Voraussetzung. Religion wird von Heitger als das Bewusstsein von unverzichtbarer Gebundenheit des Menschen verstanden.[29] Ein solches Bewusstsein von der Gewissheit der Bindung, wie sie sich in der Religion ausdrücklich artikuliert, gelte für jeden Menschen, ohne Rücksicht auf seinen empirischen Zustand, Herkunft und Nation, Geschlecht und Alter, Krankheit und Stand, Behinderung und Benachteiligung. Nach Heitger steht jeder Mensch mit seinem Denken unter der leitenden Beziehung auf Wahrheit, deshalb darf auch

---

[28] Vgl. ebenda, S. 95f.
[29] Vgl. ebenda, S. 99f.

keinem Menschen die Möglichkeit der Bildung abgesprochen werden. *„Mit niemandem darf die Hoffnung auf die Entfaltung seines Menschentums aufgegeben werden, weder mit mir noch mit dem anderen."* [30]

Heitger hat somit seine These zum notwendigen Zusammenhang von Religion und Bildung begründet und geht an dieser Stelle auf das Gebundensein von *Religion und Bildung* ein. Er betont die Wichtigkeit des Gewissens: nach dem 2. Vatikanischen Konzil sind Christen durch die Treue zum Gewissen mit den übrigen Menschen im Suchen nach der Wahrheit und bei der Problemlösung im gesellschaftlichen Zusammenleben verbunden. Das Gewissen wird gemäß Konzil als innere Stimme (im Herzen) gesehen, die zum Tun des Guten und Unterlassen des Bösen aufruft. Heitger weist in diesem Zusammenhang auch auf Fälle hin, wo Menschen unter Berufung auf das Gewissen schlimme Verbrechen begangen haben. Trotzdem könne Moralität nur aus selbst vollzogener Einsicht in das Gute erwachsen. Alles menschliche Wissen und Entscheiden ist begrenzt, aber dieses Wissen um die eigenen Grenzen leitet hin auf das Grenzenlose, Unendliche…Das Bewusstsein bleibender Endlichkeit angesichts des Unendlichen hält das Bewusstsein vom bleibenden Anspruch der Bildung wach. Bildung ist somit nicht durch Religion ersetzbar, sondern bedeutet nach Heitger: sich in seinem Menschsein zu bestimmen, sein Menschsein als Aufgabe anzunehmen und soweit es in seinen Kräften steht, zu erfüllen. [31] Und dies schließe Religion als Anerkennen und Verbindlichmachen der Hinordnung des Menschen auf den Unendlichen ein, ohne dass der Unterschied verwischt werde. Zwar sei das Gebildetsein keine Bedingung für die Erlangung der Gnade Gottes, gleichzeitig mache die Gnade den Menschen nicht zum verfügbaren Gegenstand, er müsse als Subjekt an seinem Heil mitwirken. Dem Anspruch des Guten zu genügen d.h. dem Gewissen zu gehorchen, wäre dann nach Heitger wahre Frömmigkeit. Dies würde jedoch das Lernen des Denkens, des Argumentierens und Urteilens zur Forderung der Religion selbst machen. [32] Zusammenfassend bemerkt Heitger, dass der Bildungsbegriff in der Pädagogik regulierend wirkt: Im Wissen um das Wissen (Bewusstsein) und um Erlebnisse dokumentiert sich die Bindung an das Wahre und Gute, durch die wir zwischen wahr und falsch unterscheiden bzw. verantwortlich handeln können. Das Prinzip der Wahrheit sei Bedingung und nicht

---

[30] Ebenda, S. 102.
[31] Vgl. ebenda, S. 106f.
[32] Vgl. ebenda, S. 108.

Gegenstand unseres Erkennens. Die Bindung, das Anerkennen der Bedingung, entspricht nach Heitger dem Gedanken der Religion. Wenn Religion den Menschen in seiner Endlichkeit definiere, dann betone sie die bleibende Verpflichtung des Menschen zur Bildung. Somit bleibe auch der religiöse Mensch ein Suchender, der sich im Suchen mit allen anderen im dialogischen Prinzip verbunden wisse.[33]

2.1.2 Selbstbestimmung als regulative Idee der Bildung

Nach Heitger ist der Faktor Selbstbestimmung wesentlich für das Verständnis von Bildung in der Gegenwart. Im Zusammenhang mit der zentralen Freiheitsidee der Aufklärung soll die Selbstbestimmung des Subjekts u.a. vor staatlicher Unterdrückung schützen. Heitger erinnert hier an eine lange Tradition: er konstatiert einen ersten Höhepunkt mit den kritischen Fragen des Sokrates, erwähnt Augustinus, Cusanus sowie Leibniz und endet bei Kant mit seinem kategorischen Imperativ. Demnach sei der *Mensch* in erster Line als *Zweck seiner selbst zu achten.* Heitger weist auch auf Kants programmatische Aussagen zur Aufklärung hin: der Mensch solle aus seiner selbstverschuldeten Unmündigkeit heraustreten, er solle die Mühe des Selber-Denkens nicht scheuen, solle den Mut zur eigenen Meinung aufbringen und von seiner Vernunft selbstständigen und öffentlichen Gebrauch machen.[34]

Heitger stellt aber im Weiteren kritisch fest, dass Bildung als Selbstbestimmung gerade heute weder besonders gefragt noch gefördert werde. Der weitgehend durchorganisierte Alltag, das Voranschreiten der Wissenschaften, die zunehmende Aufgabenspezialisierung machen eine Funktionalisierung und Anpassung des menschlichen Handelns an diese Gegebenheiten unumgänglich. Mehr denn je wäre jedoch in der Pädagogik, Soziologie und Politikwissenschaft von Selbstbestimmung die Rede, man müsse daher befürchten, dass Selbstbestimmung eher zu einem Überbauphänomen geworden sei. Dadurch könne ein Bewusstsein der tatsächlich vorhandenen gegenwärtigen Zwänge verhindert werden. Welcher Zusammenhang besteht also zwischen Bildung und Selbstbestimmung? Heitger beginnt seine Argumentation wieder mit einer grundsätzlichen Feststellung zur Pädagogik: Von Pädagogik, d.h. der Aufgabe der Bildung könne nur geredet werden, weil der Mensch noch nicht so ist, wie er sein soll. Das Menschsein ist dem Menschen als Aufgabe

---

[33] Vgl. ebenda, S. 110.
[34] Vgl. Kant, 1968, S. 51ff, (zit. nach Heitger, 2004, S. 19f).

aufgegeben und könne auch nur von ihm selbst wahrgenommen werden. Andere können anregen, auffordern, ermuntern – aber das Bilden an sich sei immer ein sich (selbst) Bilden. Bildung steht nach diesem Verständnis eben nicht im Dienst einer gesellschaftlich ökonomischen Verwertung, sondern Bildung betrifft hier das Menschsein als Zweck seiner selbst. Bildung betone die Aufgabe und Möglichkeit, dass der Mensch sich in seinem Tun, Denken, Wollen, Fühlen in seinem Menschsein bewähre. Dieser nach Heitger universale Bildungsanspruch gelte für alle Menschen von der Geburt bis zum Tod. [35] Das Selbst hat den Auftrag, sich selber zu realisieren - insofern ist es Beauftragter und Auftraggeber in einem, womit aber keine orientierungslose Selbstgesetzgebung gemeint ist. Vielmehr ist im Selbst das Maß der Bestimmung bereits gegeben, es handelt sich nicht um eine beliebige Größe, sondern um ein Wissen um das Gesollte sowie die Möglichkeit, diesem Wissen folgen zu können. Das Bewusstsein und die Freiheit sind hier zentrale Begriffe. Bewusstsein ist nach Heitger einerseits die Möglichkeit, ein Wissen vom Wissen zu haben und andererseits auch die Möglichkeit, das Wissen auf sein Wahrsein zu befragen. Freiheit sieht Heitger nicht in der Willkür, sondern in der Möglichkeit, sich vom Wissen des Gesollten leiten zu lassen. Das Bewusstsein sei somit an die leitende Beziehung auf Wahrheit, das Wollen an die leitende Beziehung auf das Gute gebunden, dann könne erst von Selbstbestimmung gesprochen werden. [36]

Wie aber soll dann pädagogische Führung, die ja Einfluss nehmen will und Absichten verfolgt, überhaupt möglich werden, ohne dem Prinzip der Selbstbestimmung zu widersprechen? Heitger betont, dass pädagogisches Lehren sich nicht im reproduzieren Lassen von vorgetragenem Wissen erschöpfen kann. Der mit jedem Wissen verbundene Geltungsanspruch müsse von der Vernunft des Wissenden selbst geprüft werden, der Wissenserwerb ist an den Erkenntnisakt gebunden. Lehren ist dann nach Heitger Führung der Erkenntnis und ein Appell an die Vernunft. Das Selber-Denken wird den SchülerInnen nicht abgenommen, die Vernunft des Lernenden soll sich entfalten können, immer mit dem Angebot seitens des Lehrenden, bei Schwierigkeiten zu helfen. Diese Form der Interaktion steht nach Heitger unter dem Prinzip des Dialogischen. Die grundsätzliche Ausrichtung auf die

---

[35] Vgl. Heitger, 2004, S. 20f.
[36] Vgl. ebenda, S. 22f.

Vernunft des Lernenden verpflichte zur Argumentation, weil nur Argumente die Vernunft ansprechen.[37] Das Lehren und Unterrichten müsse im Lernenden eine an Geltung gebundene Person anerkennen, die Geltungsansprüche prüfen kann. Dazu bedarf es einer gewissen Distanz zwischen Lehrendem und Lernenden: der Lehrer müsse sich einerseits von Liebedienerei freihalten und andererseits dem Lernenden helfen, sich von ihm und seiner Autorität unabhängig zu halten. Seine Autorität dürfe er nicht zur Bevormundung des Lernenden missbrauchen, sondern solle im Überschauen des zu vermittelnden Wissens zur Freiheit redlicher Argumentation anleiten. Dialogische Führung bestehe in der Kompetenz zur Argumentation, in der argumentativen Auseinandersetzung. Mit Rücksicht auf die Individuallagen wird so die Vernunft des Lernenden beansprucht, im Lernen des Einzelnen dient der Unterricht so dem Allgemeinen der Selbstbestimmung und dem Allgemeinen der Bildung. [38]

Das Prinzip der Selbstbestimmung gilt dann nach Heitger auch für die Erziehung. Erziehung betreffe das Verhalten und die Haltung sowie die Einstellung. Moralität und Ethik, das Gute einer Handlung sind nur unter dem Aspekt der Freiheit sinnvoll denkbar. Nach Kant könne nur ein guter Wille allein als uneingeschränkt gut genannt werden.[39] Pädagogische Führung solle Einfluss auf das Handeln, auf die Haltung nehmen, ohne die Selbstbestimmung aufzuheben, sondern sie solle vielmehr aktiviert werden. Von Erziehung unter dem Prinzip Selbstbestimmung könne nur die Rede sein, wenn das Befolgen eines gesollten Aktes in Freiheit erfolgt. Hierbei muss einerseits das Erkennen des Gesollten Ergebnis des freien, selbständigen Denkens sein, andererseits das Befolgen des Gesollten im Handeln Ausdruck selbstvollzogener Verbindlichkeit. Heitger betont an dieser Stelle, dass Erziehung kein fremdes Sollen vorschreiben könne, denn das wäre dann Fremdbestimmung. Ohne das Sollen an sich gebe es aber weder Erziehung noch Selbstbestimmung. Dies bedeutet nach Heitger nicht, daß alle das Gleiche sollen, jedoch dass alle unter dem Anspruch des Sollens stehen. Das Sollen ersetzt bei Heitger Orientierungslosigkeit und relativierende Gleichgültigkeit. Erziehung ist dann insofern dialogisch, als versucht werden soll, im gegenseitigen Gespräch die Geltung des Gesollten aufzuzeigen. Erziehung setzt nach Heitger Gewissen voraus, der Erzieher hilft dem jungen Menschen, auf sein Gewissen zu hören und zu folgen, und dies

---

[37] Vgl. ebenda, S. 24f.
[38] Vgl. ebenda, S. 27.
[39] Vgl. Kant, 1968, S. 18, (zit. nach Heitger, 2004, S. 28).

wieder unabhängig vom Lehrer. Dialogischem Unterricht und dialogischer Erziehung werde freilich oft der Vorwurf gemacht, utopisch zu sein und reale Bedingungen zu verkennen. Hier müsse, so Heitger, einerseits die Individuallage beachtet werden und andererseits anerkannt werden, dass die Freiheit der Selbstbestimmung an sich ein Prinzip ist, das für den empirisch-geschichtlichen Menschen in Vollendung nie möglich sei.

In der Erziehungspraxis stellt sich dann die Frage, wie viel Selbstbestimmung in der jeweiligen Situation zugemutet werden könne bzw. was als Zwang auferlegt werden müsse. Heitger betont aber, dass Formen verfügender Bestimmung von Außen unter dem Anspruch stehen, sich überflüssig zu machen, sobald die Gegebenheiten im empirischen Ich das zulassen würden. Heitger gibt als Bildungstheoretiker an dieser Stelle kein Beispiel für eine konkrete Erziehungssituation, vorstellbar wäre aber folgende einfache Szene: Jüngere SchülerInnen (ihr Alter ist eine Gegebenheit im empirischen Ich) sollen im Deutschunterricht täglich eine Geschichte aus dem Deutschbuch lesen. Die Tatsache, *dass* gelesen werden soll, ist unumstößlich, der Lehrer/die Lehrerin besteht darauf, weil die Lesekompetenz täglich gefördert werden muss (Zwang). Die Kinder können aber im Lesebuch zwischen drei verschiedenen Geschichten auswählen, wodurch sie schließlich doch noch bis zu einem bestimmten Grad mitbestimmen können. Ältere SchülerInnen werden kaum täglich eine Geschichte lesen müssen, sie werden sich eher an Hand von Literaturlisten oder völlig frei nach Interesse zu verschiedenen Themen durch selbstständiges Lesen auf Referate vorbereiten. Sie sind schon alt genug, um sich entsprechend selbstständig ihre Zeit zum Lesen einzuteilen, eine Zusammenfassung zu schreiben, Literatur auszuwählen etc...

Alle pädagogische Führung sei in ihrer Hinwendung auf Bildung stellvertretende Führung. Dialogische Führung vollzieht sich erst im interpersonalen Akt und richtet sich dann an den intrapersonalen Dialog, den sie anzuregen versucht, zu ermutigen versucht. Im intrapersonalen Dialog stelle sich der Mensch unter den Anspruch der Wahrheit und des Guten. Dadurch sei Selbstbetrachtung und Korrektur des eigenen Wissens möglich, sowie der Vorsatz für bessere Haltung.[40] Abschließend stellt Heitger fest, dass der philosophisch orientierten Pädagogik mit ihrer Prinzipienorientierung oft der Vorwurf gemacht werde, nichts (Konkretes – Anm. der Autorin) für die Praxis zu bieten. Hierbei werde aber gerade die Dignität der Praxis

---

[40] Vgl. ebenda, S. 28fff.

gewürdigt, konkrete, einmalige Gegebenheiten gestatten keine Gleichschaltung unter allgemeine Regeln. Dies sei nicht mangelnde Wissenschaftlichkeit, sondern eben auch Absicht der Bildung in Selbstbestimmung.[41] Ob hier das Modell des Philosophierens mit Kindern tatsächlich ein Modell für die Praxis der dialogischen Erziehung sein kann oder nicht wird im Folgenden überlegt.

2.1.3 Philosophieren mit Kindern als Realisierungsform dialogischer Erziehung

Angelika Fournés geht in ihrem gleichnamigen Aufsatz der Frage nach, ob das „Philosophieren mit Kindern" eine Realisierungsform dialogischer Erziehung sein könne. Sie beginnt mit den Anforderungen an den gegenwärtigen Unterricht, die sich aus einer veränderten Kindheit ergeben. Es gehe darum, Alltags-, Verfügungs- und Orientierungswissen zu vermitteln und sodann Übergänge in praktische Handlungssituationen des Schullebens bzw. Lebensalltags zu gewährleisten. Mittels eines reflexiven Lernprozesses solle sich beim Schüler die Fähigkeit zum eigenen Urteil herausbilden. Erfahrung und Umgang, so Fournés, fungierten als Ausgangspunkte eines erziehenden Unterrichts. Einstmals waren jedoch Erfahrung und Umgang von einer gewissen Kontinuität und Einheitlichkeit geprägt, derzeit dominiere eine Vielfalt. Erziehender Unterricht solle den Kindern heute nicht nur etwas zum Lernen und Leisten aufgeben, sondern vor allem auch Denkprozesse in Gang setzen. Kinder müssten frühzeitig lernen, sich im Denken und durch das Denken zu orientieren, was ein Nachdenken ebenso einschließe, wie ein Vorausdenken. Grundsätzlich obliege der älteren Generation die Verantwortung, die jüngere zu einer gesamtgesellschaftlichen Orientierung zu befähigen, nur wisse die ältere Generation über die Bestimmung der nachwachsenden Generation nicht mehr ausreichend Bescheid. Fournés resümiert, dass Grundfragen des Zusammenlebens daher nur im Dialog oder durch ein Philosophieren mit Kindern erörtert werden könnten.[42]

Worin aber bestehen die Möglichkeiten und Grenzen dieses Konzepts? Fournés weist darauf hin, dass Philosophieren eine Fragehaltung impliziere, die sich nicht mit oberflächlichen Erklärungen zufrieden gebe, sondern existentiell bedeutsame Fragestellungen aufwerfe. Philosophieren und Nachdenken versteht Fournés in

---

[41] Vgl. ebenda, S. 34.
[42] Vgl. Fournés, 2002, S.143ff.

diesem Zusammenhang als austauschbare Begriffe. Dabei werden kindliches Fragen und kindliche Nachdenklichkeit von Fournés als Eigenart der Kindheit an sich gesehen. Wer lerne, Fragen zu stellen und nach Antworten zu suchen, der werde zu einem selbstbestimmten Leben finden, so Fournés. Es gehe nicht um Philosophiegeschichte als Wissenschaft, sondern um ein ursprüngliches Philosophieren der Kinder, dessen Beginn das Staunen an sich sei. Kinder fragen nach dem Wesen der Welt, nach Leben und Tod, Träumen…Von fundamentaler Bedeutung sei die Einsicht, dass die Welt und individuelle Weltsicht nicht identisch seien. In Gedankenexperimenten werden fiktive bzw. alternative Welten geschaffen. Daher würden vor allem Gedankenexperimente die kreative Denkfähigkeit des Kindes fördern, und die Offenheit im Denken bleibe so erhalten. Durch das Nachdenken über die Welt werde auch die Beschäftigung mit dem eigenen Standort in der Welt in den Mittelpunkt der Überlegungen gerückt. Fournés hält aber auch fest, dass im unterrichtlichen Zusammenhang für ein ungeplantes Ins-Philosophieren-Kommen weder Raum noch Zeit bleibe. Es bedürfe daher der Kompetenz des Lehrers.[43]

Fournés macht nach der Analyse einiger Literatur (u.a. D. Camhy, E. Martens, G. B Matthews, E. Zoller) zum Konzept „Philosophieren mit Kindern" etliche grundsätzliche Bemerkungen:

- Philosophieren mit Kindern fungiere als fächerübergreifendes Prinzip. Den Schülern soll nicht nur Sachwissen vermittelt werden, sondern es sollen Denkprozesse in Gang gesetzt werden. Das gemeinsames Nachdenken über das bereits vorhandene Wissen von dieser Welt rücke in den Mittelpunkt des Interesses.

- Weiters werde die veränderte Lebenswelt der Kinder zum Ausgangspunkt aller Überlegungen gemacht. Wertklärungsprozesse sollen in Gang gesetzt werden, da auch immer häufiger Kinder aus unterschiedlichen Kulturkreisen in der Klasse aufeinander treffen. Die Kinder werden in einer offenen, pluralistischen Gesellschaft mit einer Vielfalt von Wert- und Sinnangeboten konfrontiert. Klärenden Entgegnungen sollen hier den Schüler anregen, darüber nachzudenken, was er eigentlich wertschätzt, wofür er seine Zeit und Energie einsetzen will, was die Konsequenzen seines Handelns sind. Nach

---

[43] Vgl. ebenda, S. 146ff.

dieser Klärung kann nach Fournés schrittweise zur dialogischen Situation übergegangen werden.

- Um die Kinder zum Nachdenken und zur Urteilsbildung anzuregen, sollen übergeordnete Themenstellungen herauskristallisiert werden. Dies könne z. B. durch die Auswahl individuell gefärbter Erzählungen oder literarischer Texte geschehen.

Fournés stellt abschließend fest, dass Philosophieren mit Kindern im Unterricht tatsächlich eine Realisierungsform dialogischer Erziehung darstellt.[44] Als praktisches Beispiel für das Philosophieren mit Kindern wurde in einer Grundschule in Nordhausen-Ost zu Beginn des Schuljahres 1999/2000 ein Teil-Projekt zum EU-Projekt *„Interkulturelle Erziehung in Ost- und Westeuropa als Dialog"* realisiert. In einer Klasse mit sechzehn Schülern waren 3 Kinder aus der ehemaligen Sowjetunion, die damals noch über größere Verständnisschwierigkeiten verfügten. Schwerpunkte der Realisierung waren:

1. Unsere Schule – Fremde bei uns
2. Wir lernen uns besser kennen und akzeptieren uns
3. Wir und unsere Eltern – Ein Tag der interkulturellen Begegnung

Gerade der interkulturelle Kontext scheint sich also für das Philosophieren mit Kindern anzubieten.

2.1.4 Bildungstheoretische Überlegungen von Harry Harun Behr

Wer in den österreichischen Lehrplänen für den islamischen Religionsunterricht an Pflichtschulen, Mittleren und Höheren Schulen nach allgemeinen Bildungszielen sucht, muss sich derzeit mit ein paar wenigen Zeilen zufrieden geben.[45] Die von der Islamischen Glaubensgemeinschaft in Österreich eingeforderte „Integration durch Partizipation" beispielsweise findet in diesem Dokument aus dem Jahr 1983 noch keinerlei Erwähnung. Es lohnt sich daher in dieser Hinsicht, einen Blick über den Zaun nach Deutschland zu werfen, wo sich bereits erste Entwürfe einer Islamischen Bildungslehre abzuzeichnen beginnen. Harry Harun Behr, Professor für Islamische Religionslehre an der Friedrich-Alexander-Universität Erlangen-Nürnberg, hat die bayerischen Lehrpläne für den islamischen Religionsunterricht (IRU) entworfen. Als

---

[44] Vgl. ebenda, S. 149ff.
[45] Vgl. http://www.ris.bka.gv.at/taweb-cgi/taweb?x=d&o=d&v=bgbl&d=BGBL&i=648&p=38 [Stand: 13.6.08]

ihr bildungstheoretisches Leitmotiv gilt, *„die Begegnung zwischen muslimischen Schülerinnen und Schülern und der Religionslehre des Islams so zu arrangieren, dass die für eine* **freie** *individuelle Orientierung und Glaubensentscheidung notwendigen Kenntnisse und Kompetenzen vermittelt und geschult werden.“* [46] Diese Zeilen implizieren m. E. ebenfalls ein Verständnis von Erziehung als Hilfe zur Selbstbestimmung. Behr erläutert weiters, dass der Lehrplan, die Fachdidaktik und die ersten in Entstehung befindlichen Schulbücher für den IRU auf einer Theologie und Religionspädagogik fußten, die einerseits eine positive Integration fördere und die die muslimischen Schülerinnen und Schüler andererseits gegen Formen ideologisch motivierter und dogmatisch fixierter Inanspruchnahme immunisiere – ohne dabei das islamisch-theologische Profil des IRU durch politisch-konsensuale Paternalisierung zu verbiegen. Behr betont im Weiteren, das der IRU darauf abziele, junge Musliminnen und Muslime zur konstruktiven gesellschaftlichen Partizipation zu befähigen. Junge Musliminnen und Muslime werden so motiviert, ihren Teil zur Lösung gesellschaftlicher Probleme beizutragen. Die fachdidaktische Umsetzung will Behr durch die Einübung einer *Kultur des Fragens* bewerkstelligen, das Prinzip des Dialogischen steht bei Behr also auch im Mittelpunkt. Behr berücksichtigt im Rahmenlehrplan der Grundschule darüber hinaus die Tatsache, dass Kinder ein natürliches Interesse an existenziellen Fragestellungen mitbringen, er schreibt wörtlich: *„Sie philosophieren gerne und wollen wissen, warum es das Leben und den Tod gibt, wer der Mensch ist und was ihn zum Menschen macht.“* [47]

2.1.5 Bildungsziele im Islam

Behr beantwortet die Frage nach den im Islam vordringlichen Bildungszielen folgendermaßen: An erster Stelle stehe nach dem qur'an-hermeneutischen Befund vor allem die Urteilskraft (arab. *hukm*), im Weiteren folgen die Erziehungsziele Achtsamkeit (*ihsan*), Nachsicht (*lina*) und Zutrauen (*tawakkul*). Die von Behr hierfür verwendeten arabischen Bezeichnungen haben jeweils noch breitere Bedeutungen: so schließt *ihsan* auch Anstand und Wohltat mit ein, *lina* Weichheit und Zartheit, in diesem Sinne auch Rücksicht, und *tawakkul* (Gott)Vertrauen und Zuversicht. Nach

---

[46] Vgl. http://www.muslimische-stimmen.de/index.php?id=19&no_cache=1&tx_ttnews%5Btt_news%5D=9&tx_ttnews%5BbackPid%5D=49 [Stand: 13.6.08].
[47] Vgl. http://www.izir.uni-erlangen.de/docs/LP_IRU_GS_BY.pdf [Stand: 13.6..08].

Behr bezögen sich diese Zielkategorien in erster Linie auf die Dimensionen der persönlichen Einstellung und Haltung.[48]

Die Wichtigkeit der *Urteilskraft* erklärt Behr in seinem Buch "Islamische Bildungslehre" detaillierter: Im Rahmen der Zieldimension Mündigkeit führt Behr u. a. das kritische Bewusstsein an. Im Kontext westlich-humanistischen Denkens, so Behr, werde „Mündigkeit" verstanden als „Demokratiefähigkeit". Der mündige Bürger solle wachsam sein gegenüber Tendenzen, die nicht in Einklang mit den Prinzipien der Menschlichkeit, der Gerechtigkeit und der Sittlichkeit stehen würden, was selbstverständlich auch für die in Europa als Minderheit lebenden Muslime gelte. Dazu muss dieser mündige Bürger eben meines Erachtens über die Fähigkeit verfügen, zu unterscheiden und sich ein Urteil zu bilden.[49] Kinder, so Behr, sollen dazu angeregt werden, ihr weites und enges Umfeld kritisch zu betrachten und sich mit den Mitmenschen in einer den guten Gepflogenheiten angemessenen Art und Weise auseinanderzusetzen. Jugendliche dürften das Recht zur Kritik aber nicht mit einer generellen Option auf Gehorsamsverweigerung gleichsetzen. Mit heranreifender Kritik- und Artikulationsfähigkeit erwachse den jungen Muslimen die Pflicht, anderen Vorbild zu sein – und seien es sogar die eigenen Eltern. Kinder und Jugendliche müssen zu einer bewussteren Wahrnehmung ihrer inneren Motive angeleitet werden, damit sie ihr Handeln selbstkritisch überprüfen und modulieren können. Behr weist in diesem Zusammenhang auf eine unter Muslimen gut bekannte prophetische Überlieferung hin, wonach die Taten (von Gott) nach ihren Absichten beurteilt werden.[50]

Unter dem Aufbau einer Kultur des *Zutrauens* ist bei Behr folgendes zu verstehen: Hier gehe es darum, die Kinder zu einem sicheren Zutrauen darin zu führen, dass diese als Personen in ihrem So-Sein wertvoll sind und dass sie etwas schaffen können. Mit *Achtsamkeit* ist bei Behr gemeint: die Kinder sollen zu einem achtsamen Umgang mit sich selbst, untereinander, und mit der natürlichen Umwelt erzogen werden. Der islamisch-theologische Aspekt des „Ichs im Du" lege eine frühzeitige Schulung der Empathiefähigkeit nahe. Wichtig wäre hierbei, Konfliktbewältigungskompetenzen zu schulen, die bei der Konfliktbewältigung helfen:

---

[48] Vgl. Behr, 2008, S. 31.
[49] Vgl. Behr, 1998, S. 123.
[50] Vgl. ebenda, S. 125.

nicht nur sehen und hören, sondern *hin*sehen und *zu*hören, die Dinge denkend durchdringen, in der Rückschau das eigene Verhalten beschreiben und bewerten, Emotionen versprachlichen, rechtzeitig Rat und Hilfe suchen.[51]

Zur Bildungsphilosophie im Islam

Behr hält hierzu fest, dass es derzeit an einer gesicherten und anerkannten Theorie muslimischer Erziehung mangele. Die Bildungstheorie des Islams müsse grundsätzlich neu entwickelt werden, und zwar mit Bezug auf den jeweiligen kulturräumlichen Kontext. Muslimische Fachleute seien dazu aufgefordert, „eine theologisch begründete Denkart von Bildung und Erziehung im Islam anzuregen und zu pflegen, die in philosophischer Freiheit die verschiedenen Bereiche zwischen Erziehung als gesamtgesellschaftlicher Herausforderung bis hinein in die Ich-Du-Beziehung durchdringt und integriert."[52]

2.1.6 Theologisches Fundament islamischer Bildungsphilosophie

Zum theologischen Fundament einer islamischen Bildungsphilosophie entwirft Behr folgende grundlegende Thesen:

1. Islamische Theologie ist diskursiv

Behr stellt die Forderung nach verbesserter Kommunikation: Wir müssen mehr miteinander reden. Wichtig ist in diesem Zusammenhang der Begriff der gegenseitigen Beratung (*schura*). An anderer Stelle erläutert Behr seinen Zugang genauer: Mit dem qur'an -arabischen Begriff der Beratung (*schura*) sei jener Diskurs gemeint, der auf die Sache und handlungsleitende Prinzipien festgelegt sei, und nicht auf ein von vornherein festgelegtes Ergebnis. Der Begriff der *schura* werde im Qur'an in Sure 42, Vers 38 mit der individuellen Selbstverpflichtung zur Anbetung Gottes auf eine Ebene gestellt. Der durch die Beratung erzielbare Konsens wurde als Konsens unter muslimischen Gelehrten gesehen, diese Sichtweise solle weiterhin gelten, müsse aber erweitert werden, und zwar auf all jene, die von den spezifischen Herausforderungen des Zusammenlebens betroffen sowie mit der Bewältigung von gemeinsamen, als krisenhaft wahrgenommener Szenarien betraut sind. Daher solle auch der themenzentrierte Diskurs zwischen Muslimen und Nicht-Muslimen

---

[51] Vgl. Behr, 2008, S. 46f.
[52] Ebenda, S. 33.

intensiviert werden. Aus islamischer Perspektive leben nach Behr *alle* Menschen in einer Solidargemeinschaft füreinander, Muslime und Nicht-Muslime, welcher Herkunft oder Religionsgemeinschaft auch immer angehörig. [53] Daraus ergibt sich, eine rein auf das Eigene bezogene Wahrnehmung von religiöser Gemeinschaft den Anforderungen des „Miteinander" unterzuordnen, und es gilt, diese Gedanken in pädagogisch geeigneter Form in den islamischen Religionsunterricht einzubringen.

2. *Islamische Theologie ist auf die Lebenswirklichkeit bezogen*
Islamische Theologie entstehe aus der konkreten Lebenssituation heraus, auf die sie auch abziele. „Dies bedingt angesichts der Vielfalt muslimischer Lebenskulturen weltweit, aber auch schon in Deutschland, einen Stellenwert inner-muslimischer Pluralität, der nicht hoch genug angesetzt werden kann."[54] Behr erwähnt an dieser Stelle das transnationale/transkulturelle Reformpotenzial islamisch-theologischen Denkens, das sich eben nur im kontextuellen Bezug zum Besten der Menschen entfalten könne. Unter diesem "Besten" sei zu verstehen: die Freiheit der Wahl, was man glauben und wie man leben möchte.

3. *Islamische Theologie orientiert sich an vereinbarten Zielen*
Islamische Theologie bedeute vorerst, aus der gegebenen Situation heraus zu formulieren, was man wolle, darin Position zu beziehen und dafür verantwortbar einzustehen. Gefragt seien vernunftgemäße theologische Begründungen, die auch Nicht-Muslimen und Nicht-Theologen einleuchten. [55] Wie ist das zu verstehen?
Behr weist auf einen unter Muslimen weit verbreiteten Mythos hin, demgemäß der Qur'an für alle Menschen und alle Zeiten die Zielsetzungen und die Antworten auf alle Fragen schon bereithalte. Man müsse den Qur'an nur „recht" verstehen und den Islam nur „richtig" leben – und schon entfalte sich alles wie von selbst. Der Qur'an biete natürlich einiges für menschliches Denken und Handeln, das mit dem Anspruch auf Zeitlosigkeit formuliert werde, wie das auch bei anderen Religionen der Fall ist. Es gehe, so Behr, jedoch darum, dass der Qur'an die Muslime nicht aus der Verantwortung entlasse, für sich, ihre Mitmenschen, ihre Gegenwart und Zukunft passende Antworten auf die Fragen, die sie bewegen, selbst zu finden und zu formulieren. Der Mensch, als verantwortungsfähiges Wesen vor Gott, könne sich

---

[53] Vgl. ebenda, S. 35 und Behr, 2007a, S. 3f.
[54] Behr, 2007a, S. 4.
[55] Behr, 2008, S. 35.

irren und scheitern, was es notwendig mache, jeder Schriftauslegung kritisch gegenüber zu treten. Als besonders drastisches Beispiel nennt Behr die qur'anische Stelle 5/32: wenn einer einen Menschen tötet, sei er so, als ob er die ganze Menschheit getötet habe. Dieser Vers wurde im Zuge der Vorkommnisse um den 11. September 2001 dazu verwendet, um zwei völlig konträre Positionen zu begründen: sowohl das Verbot, als auch die Rechtfertigung der Gewaltanwendung. Behr stellt hier fest, dass beide Lager den Vers 5/32 unvollständig, historisch und theologisch dekontextualisiert und verabsolutiert hätten. Zwar sei die Hermeneutik einer Schrift immer einer exemplarischen Auswahl unterworfen, aber die Frage der Exemplarität sei auch immer eine Frage der Entscheidung *an Hand der Sache und der Situation*, hierin liege die Herausforderung einer passenden Auswahl. In den Versen vor dem 32. Vers (27 bis 32), der von beiden Lagern ignoriert wurde, werde geschildert, wie Abel auf seine Gegenwehr verzichtete und dann von Kain erschlagen wurde. Behr rückt einen neuen Aspekt in den Mittelpunkt seiner Überlegungen: trotz erlittenen Unrechts wurde von Abel auf Eskalation verzichtet, eine Betonung der Kraft der Vergebung wie in 25/63 oder 42/40 würde dann bedeuten, sich auf vielleicht ungewohnte Prinzipien im Umgang mit Gewalt zu verständigen.[56]

4. Islamische Theologie ist eine wissenschaftlich systematisierte Erkenntnislehre mit eigenem Anspruch auf Authentizität

Was islamisch sei und was nicht entscheide sich nach Maßgabe der Plausibiliät: Was ist vernünftig, was ist menschlich, was wollen und was können die Betroffenen leisten? Gut sei, was sich als gut bewahrheite und bewähre. „Die Muslime sind für das in die Verantwortung zu nehmen, was sie für sich als Wirklichkeit ihres gelebten Islams festlegen."[57]

5. Islamische Theologie entwickelt sich um einen axiomatischen Kern von Werthaltungen herum

Hierbei gehe es um die Verständigung über konkrete Werthaltungen des Individuums mit unverhandelbar handlungsleitender Dimension. Bereits für die Frühgeschichte des Islams ließe sich nachweisen, wie der Mensch und nicht die Sache in den Vordergrund gerückt wurden. Dabei ist dieser Punkt in der islamischen Geschichte zeitweise auch in Vergessenheit geraten, so Behr, wurde aber auch immer wieder

---

[56] Vgl. Behr, 2007a, S. 5f.
[57] Ebenda, S. 7.

neu belebt. Eine solche Chance der Wiederbelebung islamischer Theologie biete sich derzeit in westlichen Kontexten, wobei es darum gehe, jene Grundsätze herauszuarbeiten, die einerseits hinter dem (staatlichen) „Grundgesetz" und andererseits hinter dem „Islam" stehen. Nach der Verständigung über konkrete Werthaltungen solle aber eine Anerkennung von Wertkategorien ohne Vorbehalt geschehen, und ohne Fixierung darauf, ob sie religiösen Ursprungs seien. Dadurch solle plausibler gemacht werden, welchen positiven Beitrag die Muslime hier und heute zum Gedeihen des demokratischen Rechtsstaates leisten könnten. Als neue Perspektive schlägt Behr in diesem Zusammenhang vor, den Islam „in Gestalt einer Positivliste" darzustellen, anstatt ausschließlich durch schier endlose Rechtfertigungen. Er unterscheidet einen pragmatischen und axiomatischen Zugang zum Thema Islam. Der *pragmatische Zugang* scheint landläufig bekannt zu sein: Die Diskurse drehen sich hier um Abwehr- und Rechtfertigung (Dekonstruktionen), hier wird der Islam in erster Linie als Ursache für gesellschaftliche Probleme wahrgenommen, der Blick richtet sich auf das systemgefährdende Potenzial. Es geht um Themen wie Gewalt, Fundamentalismus, Freiheit der Religionswahl, Geschlechtsrollenverständnis... und andere heiße Eisen. Beim *axiomatischen Zugang* hingegen wird der Islam als Teil der Lösung gesellschaftlicher Probleme wahrgenommen (Konstruktion), der Blick richtet sich auf das herrschaftskritische Potenzial des Islams. Es geht um Themen wie Gerechtigkeit, Frieden, Achtsamkeit, Nachsicht, Zutrauen, Gelassenheit, Gewaltverzicht, Solidarität, Zusammenarbeit...[58]

2.1.7 Grundsätze islamischer Bildungsphilosophie

Nach dieser kurzen Skizze des theologischen Fundaments einer islamischen Bildungstheorie stellt Behr einige *Grundsätze islamischer Bildungsphilosophie* zusammen, und zwar anschließend daran mit einigen jeweils konkreteren Gedanken bzw. Leitmotiven für die Erziehungsphilosophie.

- *Adam wird im Qur'an als der Archetyp des werdenden Menschen entworfen*

Adam sei im Qur'an vor allem der Prototyp des werdenden Menschen mit archetypischen Qualitäten: Adam sei ein unfertiges, mithin entwicklungsbedürftiges, entwicklungsfähiges und zur Entwicklung befähigtes, biologisches und

---

[58] Vgl. ebenda, S. 8.

charakterliches Mängelwesen. Allerdings erhalte er von Gott die Gabe sprachlicher Ausdrucksfähigkeit sowie die Fähigkeit, sich selbst zum Gegenstand seines Nachdenkens zu machen (vgl. Qur'an 2/30ff). Sprachliche Ausdrucksfähigkeit bedeute aber, die Dinge benennen und damit über sie verfügen zu können, damit bringe der Qur'an die Selbstverfügbarkeit ins Spiel. Weiters komme das Angewiesensein des Menschen auf Gemeinschaft ins Spiel. Mit dem Beginn der 4. Sure werde der Blick des Menschen auf sein Selbst im Kontext einer Menschheit als globaler Solidargemeinschaft gelenkt: „Wir haben euch aus einem einzigen Wesen (nafs) erschaffen", womit das Ich im Du zu finden sei.[59] Weiters sei der Mensch, seinem Entwurf im Qur'an zufolge, potenziell frei, zu tun, was er wolle, und zwar gemäß einem bekannten Prophetenwort: so lange er sich nicht schämt. Der Mensch habe somit freie Hand, seine Lebenswelt so zu gestalten, wie er es für richtig halte. Als Bezugspunkt einer existentiellen und elementaren Orientierung führe der Qur'an aber Gott ins Feld. Das Leben im Diesseits könne von Seiten der Theologie nicht losgelöst von der anderen Seite (dem Jenseits) betrachtet werden. Was für Freiheit gehalten werde, drohe nur allzu leicht in Unfreiheit zu führen. Die Grundlage für die Freiheit werde erst durch eine vordergründige Unfreiheit geschaffen: und zwar durch die selbstverantwortete Anbindung des Menschen an Gott als Erstinstanz. Erst die bewusst vollzogene religiöse Bindung mache das Individuum frei von befristeten Zwängen des Diesseits und befähige es zu überlebenswichtigen Haltungen. Dazu gehöre das Gewissen, das seine Handlungsimpulse aus der Gewissheit schöpfe, dass es einen „Mitwisser" als Letztinstanz gebe (vgl. 6/75 oder 35/38). Diese Haltung werde im Qur'an an Abraham versinnbildlicht, der zuerst den mächtigen Erschaffer erkenne und ihn dann als Maß aller Dinge anerkenne (vgl. 65/3). Der Islam stelle jeden Maßstab, wenn er allein in der Selbstermächtigung des Menschen gründe, zunächst in den Kontext potentieller Unfreiheit.[60] Diese "Unfreiheit" ist aber – positiv ausgedrückt – als Freiheit zu verstehen. Ein Hinweis auf das islamische Konzept idealler Freiheit findet sich in einem Aufsatz von J. L. Abid über „Menschenrechte im Islam".

Erst die alleinige Anbetung Gottes und nur Ihn als Herrn anzuerkennen, mache den Menschen wirklich frei: "Es hindert ihn daran, andere Menschen – seien sie nun politische oder religiöse Führer oder sonstige Verführer – zu vergöttlichen und ihre

---

[59] Vgl. Behr, 2007b, S. 5.
[60] Vgl. ebenda, S. 7ff.

Aussagen oder Anweisungen unhinterfragt zu übernehmen." [61] Auch vor ideellen Götzen wie z.B. Konsum- oder Selbstsucht solle der Mensch dadurch geschützt werden, womit bereits der Übergang zum sozialen Bereich der Freiheit angesprochen ist. Die "Unfreiheit" im Sinne von Behr meint einerseits die Abhängigkeit des Menschen als Geschöpf, andererseits bezieht sie sich auf den sozialen Bereich - genauso wie im Sinne der Allgemeinen Erklärung der Menschenrechte die Freiheit des Einzelnen dort endet, wo er/sie die Rechte (und die Freiheit) anderer verletzt. Dem vergleichbar werden im Islam die Sünden in zwei Gruppen unterteilt: solche, die gegen die Rechte Gottes begangen werden (z.B. Nachlässigkeit im Gebet) und solche, die die Rechte der Menschen verletzen. Wer die Rechte eines anderen Geschöpfes (Mensch oder Tier) verletzt, begeht diese Sünde einerseits gegen das unmittelbare Opfer und andererseits gegen Gott, denn sündhaftes Benehmen ist gleichzeitig eine Verletzung göttlicher Vorschriften.[62] Der Respekt (oder Gehorsam) gegenüber Gott ist somit kein abstrakter Selbstzweck, sondern geht direkt in den Respekt gegenüber den Mitmenschen – bzw. den Dienst am Nächsten – über.

Für Behr ergeben sich dann u. a. folgende Leitmotive: die Schulung religiöser Ausdrucksfähigkeit in der Elementar- sowie Primarsozialisation und im schulischen Religionsunterricht. Weiters liege es im Wesen des Menschen über sich selbst, sein Verhalten und die Ursachen und Motive des Verhaltens nachzudenken. Daher sollten schon früh evaluative Kompetenzen geschult werden, auch in Frageform: Was tue ich? Warum tue ich es? Was will ich erreichen? Was habe ich erreicht? Wie reagiert meine Umwelt auf das, was ich tue? Ist was ich tue, gut? Bin ich der Meinung, dass andere auch tun dürfen, was ich tue?[63]

- *Alle Menschen besitzen dieselbe Würde als ihre Wesenseigenschaft, nicht als ihr Verdienst*

Mit der Textstelle 17/70 werde im Qur'an festgestellt, dass dem Menschen „Würde" oder Ehre zuteil wurde (arab. karama), und zwar als Wesenseigenschaft. Würde lässt sich dabei nach Behr nicht auf die Angehörigen eines bestimmten Bekenntnisses festlegen. Als Leitmotiv ergebe sich daraus, dass die Wahrnehmung

---

[61] Vgl. Abid, 2004, S. 10.
[62] Vgl. Hamidullah, 1991, S. 158.
[63] Vgl. Behr, 2008, S. 39.

der Mitmenschen als Solidargemeinschaft schon früh eingeübt werden müsse. Dies nicht nur im sozialen Nahbereich, sondern auch global gesehen.[64]

Ganz ähnlich argumentierte Abdoljavad Falaturi (gest. 1996), der von 1974-1994 Professor für Islamwissenschaften an der Universität Köln war und eine eigene islamwissenschaftliche Akademie gegründet hat. Falaturis wissenschaftliches Hauptziel bestand in einer zeitgemäßen Form der Darstellung des Islam. Die unter Muslimen sehr bekannte und bedeutende Al-Azhar Universität in Kairo hat Falaturi zum Mitglied des „Obersten Rates für die Angelegenheiten der Islamischen Welt" ernannt.[65] Falaturi betont, dass allen Menschen als „Kindern Adams" ihre Würde von Gott *gleichermaßen* verliehen wurde, wobei er die Qur'an-Stelle 17/70 als Quelle zitiert. Ein unterschiedlicher Grad an Würde *unter Menschen* sei ausgeschlossen, lediglich *vor Gott* unterscheiden sich die Menschen aufgrund ihrer Frömmigkeit, oder anders ausgedrückt: aufgrund ihres Bewusstseins von der Gegenwart Gottes, wie in 49/13 festgehalten. Beide Stellen belegen nach Falaturi, dass es sich bei der Würde um einen wichtigen Grundwert handelt, mit dem Gott die Menschen ausgestattet hat.[66]

An anderer Stelle führt Behr seine Gedanken zur Würde noch näher aus, in seinem Aufsatz über die *Menschenwürde im islamischen Diskurs* stellt er fest, dass die Schriftquellen des Islams die Entscheidung für Würde als einem nicht verhandelbaren, unantastbaren Leitmotiv nahe legen würden. Zwar liege die Entstehung des Qur'ans im 7. Jahrhundert nach christlicher Zeitrechnung weit vor der Entwicklung von Würde als philosophischer Konzeption. Jedoch bilde die Unterscheidung zwischen überliefertem und vernunftbegründetem Wissen, zwischen Offenbarung und Empirie einen wichtigen frühen Ansatzpunkt für ein starkes Motiv innerhalb islamischer Theologie: Am Anfang des Nachdenkens stehe die Frage, was dem Menschen nütze, was ihn glücklich mache und was ihm den Weg zu Gott erleichtere und nicht erschwere. Ein erster Zugang zur Menschenwürde als islamisch-theologischem Konzept sei in 17/70 zu finden: „Und wir haben den Kindern Adams Ehre erwiesen. Wir haben sie auf dem Festland und dem Meer getragen und ihnen (einiges) von den köstlichen Dingen beschert, und Wir haben sie vor vielen von denen, die Wir erschaffen haben, eindeutig bevorzugt." (nach Khoury, Gütersloh 2004) Behr erklärt hierzu, dass mit „Würde" oder „Ehre", von „Gott gegeben", eine

---

[64] Vgl. ebenda.
[65] Vgl. http://www.gmsg.de/FALATURI/falaturi.html .
[66] Vgl. Falaturi, 2002, S. 10f.

besondere Qualität des Menschseins gemeint sei, und zwar ohne Rücksicht auf Gruppenzugehörigkeit wie z.B. Sprache, Geschlecht, Alter, Hautfarbe, Nationalität, Religion und andere. Würde im Sinne einer wesenhaft begründeten Sonderstellung des Menschen an sich, die nicht zuletzt auf dem von Gott mitgeteilten Wissen um die eigene Würde des Menschen beruhe, sei jedem Menschen von Gott gegeben, und gelte ohne Vorbehalt.[67]

- *Im Dasein des Menschen liegen Sinn und Zweck*
Nach Qur'an 51/56 sei es ausschließliche Bestimmung des Menschen „allein Gott zu dienen". Der Mensch als Statthalter Gottes (*khalifatullah*) nach Qur'an 2/30 erhalte eine Art Amt verliehen: er werde zu Gott zurückkehren und wird nach seinen Taten befragt, d.h. er ist grundsätzlich verantwortungsfähig, und dies mehr für seine Absichten als für seine Taten. Damit, so Behr, setze der Islam den Menschen als absichtsvolles und aktives Wesen in die Welt. Als Leitmotiv ergibt sich dann, dass Sozialisation dann mehr als ein Prozess der aktiven Aneignung zu verstehen sei und weniger als „Prägung" oder „Verinnerlichung" einer äußeren Ordnung. Der Blick der Heranwachsenden müsse auf ihr Potenzial gelenkt werden: diese sollen ihr Leben als Chance der aktiven Gestaltung begreifen lernen.

- *Die Perspektive des Menschen transzendiert jeden Horizont*
Hier geht es nach Behr um einen bewussten Jenseitsbezug im Sinne einer „Wirklichkeitsperspektive" als Lebenshaltung. Diese Perspektive werde im Qur'an um handlungsleitende Imperative herum entwickelt, die auf die Dimensionen des Gefühls verweisen. Dabei gehe es beispielsweise um die Emotionalität der Gott-Mensch-Beziehung als „Liebe" (*hubb* vgl. Qur'an 6/76ff.), den Respekt gegenüber den Eltern oder das Loslassenkönnen gegenüber den Kindern. Als Leitmotiv erläutert Behr u.a. dass Sinn und Anerkennung nicht immer nur im materiell feststellbaren Wert einer Sache zu suchen seien. Die Kinder sollten angeleitet werden, hinter ein zerbrechliches, oft allzu grellbuntes und lautes Diesseits zu schauen (vgl. Qur'an 2/260, 6/35, 7/179, 32/12, 44/1-9, 51/20-21).

- *Erziehung beruht auf Beziehung*
In Qur'an 31/12-19 führt der Weise Luqman mit seinem Sohn einen pädagogischen Dialog. Nach Behr kristallisiert sich hierbei heraus, dass zwischen der liebevollen

---

[67] Vgl. Behr, 2007b, S. 2ff.

Beziehung einer Mutter zu ihrem Kind und derjenigen Gottes zum Menschen eine besondere strukturelle Gemeinsamkeit bestehe. Das zentrale Attribut der „99 Namen Gottes" ist jedoch die „Barmherzigkeit" (rahma), zu der sich Gott auch selbst verpflichtet hat (Qur'an 6/12, 6/54, 7/156). Behr weist darauf hin, dass das Wort Barmherzigkeit im Arabischen eine weibliche Vokabel ist, und zum kosmologischen Prinzip „Gerechtigkeit" hinzutritt. Folgende Leitmotive ließen sich ableiten: das islamische Gottesbild habe mütterliche Züge, was in der Begegnung mit patriarchalischen Traditionen für aufklärerische Zwecke genutzt werden sollte. Die Problematik der Gender-Fragen liege bei den Muslimen, nicht beim Islam. Im Islam habe das Moment der Vergebung Vorrang, entsprechende Kompetenzen wären anhand konkreter Situationen mit Bezug zu wirklichen Erfahrungen der Kinder einzuüben.

- *Spiritualität und Religiosität liegen auch spezifische Begabungsstrukturen und Intelligenzfaktoren zugrunde*

Behr erwähnt in diesem Zusammenhang Qur'anverse wie 20/115 oder 31/17 (azm), 4/82 und 47/24 (tadabbur) und 19/12 (hukm), welche Urteils- und Entschlusskraft als Bildungsziele oberster Kategorie ausweisen. Als Leitmotiv gilt hier, dass die Kinder zu einer Haltung der aufmerksamen Wahrnehmung der Welt (Qur'an 25/37), einem geschulten Gewissen (2/256) und zu Ausdrucks- und Kooperationsfähigkeit (42/38) erzogen werden. Frühe religiöse Bildungsanregungen sind nötig, um religiöse Intelligenz nicht verkümmern zu lassen.

- *Die Entfaltung der persönlichen Religiosität geschieht selbstorganisiert, in Stadien und domänenspezifisch*

Mit Bezug auf den Propheten Abraham im Qur'an wurden Stufen der religiösen Entwicklung entworfen, nach Behr vergleichbar mit den Stufentheorien eines Fritz Oser oder James Fowler. Als Leitmotive erwähnt Behr hier, dass religiöses Lernen in vielfältigem Bezug zu Handlungsfeldern des Kindes geschehe, denen es Bedeutung zumesse (Domänen). Religiöse Sozialisation sei keine Sondersozialisation, sondern es gehe um den selbstorganisierten Aufbau eines individuellen Verstehens von Religion im täglichen Wechselspiel zwischen Selbst- und Fremdverstehen.

- *Im Zentrum des Islams als Bildungsgang steht eine Achse nicht verhandelbarer Werthaltungen*

Im Islam gehe es weniger um kategoriale Lehrsätze, sondern mehr um die Konkretisierung in der jeweiligen Lebenssituation. Daher werde dem Begriff Werthaltung gegenüber dem Begriff Werte der Vorzug gegeben. Im Mittelpunkt stünden die eingangs erwähnten Werthaltungen (Urteilskraft, Achtsamkeit, Nachsicht, Zutrauen). Bei den Leitmotiven erwähnt Behr, dass Werte erst durch ihre Universalität zu solchen werden würden. Wenn von „christlichen", „abendländischen" oder „islamischen" Werten die Rede sei, wäre Vorsicht geboten. Exklusivistische Inbesitznahme würde sie eher ersatzlos demontieren. Für nicht verhandelbare Werthaltungen gelte: zeigen, erklären, einüben, einfordern.[68]

Im Lehrplan für den Schulversuch Islamunterricht an der bayerischen Grundschule erläutert Behr genauer, welche Werte gemeint sind: Es geht grundsätzlich um die Vermittlung von Tugenden und Werten, die einerseits islamisch-religiöse Wissensbestände grundlegend und vertiefen und gleichzeitig die Grundlagen einer ethischen Erziehung für das Leben in einer demokratisch verfassten Gesellschaft bieten. Behr erwähnt in diesem Lehrplan aus dem Jahr 2004 Tugenden klassisch-antiker Herkunft, wie den Mut, das rechte Maß und die Gerechtigkeit, die im Islam ebenso ihren Platz hätten wie die christlichen Tugenden Glaube/Liebe/Hoffnung. Islamische Tugenden wie Bescheidenheit, Achtsamkeit, Geduld, Wissensdrang und Gottvertrauen sind nach Behr selbstverständliche Haltungen, die auch über den Islam hinaus ihren Bestand haben. Die Universalität der Werte und Werthaltungen steht bei Behr aber eindeutig im Vordergrund, was m. E. impliziert, dass das Gemeinsame bewusst gesucht wird, um für die Gesamtgesellschaft einen positiven Beitrag zu leisten.

2.1.8 Beitrag des IRU zum Bildungsauftrag

Der Islam als religiöse Gegenwartskultur werde in Deutschland derzeit eher als Problemursache und weniger als Problemlösung gesehen, dies auch aufgrund restriktiver Auslegungen von Muslimen, die neben einer zunehmend gelingenden Integration existieren würden. Migration gelte daher eher noch als Hindernis, denn als Chance. *Daher werde jetzt intensiver über gegensteuernde Bildungsziele nachgedacht*, vor allem auch im Hinblick auf kompensatorische Funktionen des Islamischen Religionsunterrichts (IRU).[69] Auch in Österreich ist bei der für

---

[68] Vgl. ebenda, S. 39fff.
[69] Vgl. ebenda, S. 43f.

Integrations- und Diversitätsangelegenheiten zuständigen Magistratsabteilung 17 ein Perspektivenwechsel weg von der Problem- hin zur Chancenorientierung festzustellen: *„Vielfalt (Diversität) ist Normalität…das Potenzial, das diese Vielfalt mit sich bringt, muss genutzt werden."[70]*

Nach Behr solle IRU darauf abzielen, heranwachsende Muslime in Deutschland zur konstruktiven gesellschaftlichen Partizipation in jenen Bereichen zu befähigen, die dem Islam als religiöse Lebensweise im engeren Sinn zuzurechnen sind. Der IRU solle im Allgemeinen:

- Fragen lebendig und Erkenntniswege offen halten,
- bei der Entfaltung der eigenen Glaubenswelten helfen,
- einen Zugang zum Islam ermöglichen, und zwar durch Information und durch den Erlebnisbezug,
- dazu befähigen, sich frei, aber in persönlicher Verantwortbarkeit zum Islam als Religion und Lebensweise zu positionieren sowie
- kultursprachlich angemessen und verständlich darüber Auskunft erteilen zu können.[71]

Als bildungstheoretisches Leitmotiv der Lehrpläne für den Schulversuch Islamunterricht an der bayerischen Grund- und Hauptschule gelte außerdem, "die Begegnung zwischen muslimischen Schülerinnen und Schülern und der Religions-lehre des Islams so zu arrangieren, dass die für eine freie individuelle Orientierung und Glaubensentscheidung notwendigen Kenntnisse und Kompetenzen vermittelt und geschult werden."[72]

Bezüglich der **Persönlichkeitsbildung** hält Behr fest, dass der Islamunterricht auf eine religiöse Identität der Kinder abziele, die ihnen helfe, sich als Teil der Schöpfung zu begreifen sowie Verantwortungsbereitschaft und eine eigene Persönlichkeit zu entwickeln. Der IRU solle den Kindern Grundlagen und Perspektiven für ihr Leben, für ihre Haltung und Handeln, für ihr Sprechen und ihre persönliche Entfaltung vermitteln - dies einerseits durch religiöses Wissen, aber auch durch den zentralen Bezug auf die Wertordnung des Grundgesetzes. Zieldimensionen sind hierbei: Die

---

[70] Informationsbroschüre der Stadt Wien: Integration und Diversität in Wien 2007/ Aufgaben und Tätigkeiten der MA 17, Wien, 2007, S. 6.
[71] Ebenda, S. 44.
[72] Fachlehrplan, 2006, S. 2.

Selbstgewissheit des Kindes als Muslim, die Bindungsfähigkeit des Kindes an Gott und die Bindungsfähigkeit des Kindes an die Mitmenschen.[73]

Fachdidaktisches Profil

Im Grundschullehrplan zum IRU wird festgehalten, dass Kinder ein natürliches Interesse an existenziellen Fragestellungen mitbringen. Sie philosophieren gerne und wollen beispielsweise wissen, warum es das Leben und den Tod gibt, oder wer der Mensch eigentlich ist und was ihn zum Menschen macht. Gefragt werde nach den Maßstäben für das Gute und das Böse, für Gerechtigkeit und Frieden...Das kindliche Staunen, Fragen, Suchen und Entdecken ermögliche es auch muslimischen Kindern, ganz eigene Zugänge zu spirituellen und religiösen Welten zu entwickeln. Sie machen auch ihre eigenen Erfahrungen im Erleben des Numinosen und suchen die Gelegenheit, sich in diesen Dingen wie auch hinsichtlich ihrer Hoffnungen und Ängste mitzuteilen.[74] Nach Behr solle der IRU daher auch eine Kultur des Fragens einüben, von der Religion mehr lebe, als von ihren Antworten – Fragen nach dem Letzten, nach der Bedeutung religiöser Botschaft und ihrem Sinn im persönlichen Lebensbezug. Behr stellt fest, dass religiöse Information zwar vermittelbar sei, aber die Zuschreibung von religiöser Bedeutung unterliege individuellen kognitiven und emotionalen Selbstorganisationsprozessen. Daher müsse die Frage nach dem Glauben auch im IRU mit Zurückhaltung gestellt werden.[75]

2.1.9 Befreiungstheologische Überlegungen von Halima Krausen

Die deutsche Islamwissenschaftlerin und Theologin Halima Krausen hält fest, dass *„aus der Sicht des Qur'an Kern und Intention der Offenbarung die Befreiung von dem ist, was sich Macht über den Menschen anmaßt oder in der Phantasie eine pseudogöttliche Stellung einnimmt, eine Befreiung zum ethischen Handeln und zur Verantwortlichkeit allein gegenüber Gott."*[76] Der zentrale Bekenntnissatz „Es gibt keinen Gott außer Gott" solle genau das zum Ausdruck bringen. Im Zentrum der Aufmerksamkeit stehe besonders die Macht des Menschen über den Menschen, die

---

[73] Vgl. Fachlehrplan, 2004, S.3.
[74] Vgl. ebenda, S. 2.
[75] Vgl. http://www.muslimische-stimmen.de/index.php?id=19&id=19&no_cache=1&tx_ttnews[swords]=Behr&tx_ttnews[tt_news]=9&tx_ttnews[backPid]=14&type=98&cHash=28565b9b97[Stand: 3.6.08]
[76] Krausen, 1998, S. 116.

32

oft unbemerkt in Grenzbereiche zum Götzendienst geraten könne, beispielsweise bei der unkritischen Akzeptanz religiöser oder politischer Autoritäten. Krausen stellt auch fest, dass Ideen, die ursprünglich befreiend wirken sollten, oft zu Ideologien verformt wurden, um sie als Machtmittel zu benutzen, und dies sowohl im religiösen als auch nicht-religiösen Kontext. Die islamische Lehre, so Krausen, sei da keine Ausnahme. (Erinnern wir uns in diesem Zusammenhang an die grundsätzliche Unterscheidung von zwei Existenzweisen bei Erich Fromm: Haben oder Sein. Auch Religion kann entweder im Sein- oder im Haben-Modus erfahren werden. Die Sein-Orientierung lässt sich durch Wortfelder wie Wachstum, Freude, Unabhängigkeit, Vertrauen und Sicherheit charakterisieren, während der Haben-Modus im Horten, Anklammern, Ideologisieren, Abhängigkeit und Stagnation besteht. Propheten waren für Fromm grundsätzlich erst Visionäre menschlicher Freiheit, die sich allerdings mit der Zeit durch eine falsche Praxis in ideologische Abhängigkeit verwandeln kann.[77]).

Der Qur'an rufe zu Eigenverantwortlichkeit auf und zur Lösung von Gemeinschaftsfragen durch gegenseitige Beratung (42/39), und er warne vor Machtmissbrauch anhand von Beispielen früherer Völker wie des Stammes der Ad und Herrschern wie Pharao. Durch die Lebenspraxis (Sunna) des Propheten Muhammad und seiner Gefährtinnen und Gefährten wurde das Gemeinschaftsleben veranschaulicht, aufbauend auf den Prinzipien Vernunft und Gerechtigkeit. Trotz allem wurden bereits eine Generation später nicht nur alle Grundprinzipien außer Acht gelassen, sondern dieses Vorgehen sogar noch aus dem Qur'an und der Sunna heraus begründet. Spätere Herrscher hätten sich auch durch von ihnen finanzierte Gelehrte zweifelhafte Maßnahmen legitimieren lassen. Trotzdem gab es innerhalb der 1400 Jahre islamische Geschichte nicht nur solche bestechliche (ev. besser: obrigkeitshörige) Gelehrte, sondern viele der größten Gelehrten und Mystiker hätten die Werte Gerechtigkeit, Eigenverantwortung und Mitmenschlichkeit sowohl bewahrt und weitervermittelt, als auch die Verantwortlichen ermahnt, sie gesellschaftlich und politisch umzusetzen. Krausen erinnert daran, dass beispielsweise von Ghazali (gest. 1111) viele mahnende Briefe an die Herrscher seiner Zeit gerichtet wurden – Dokumente, die auch der Nachwelt erhalten blieben. [78]

Politische Befreiung

---

[77] Vgl. Fromm, 1988, S. 58.
[78] Vgl. Krausen, 1998, S. 119.

Krausen beginnt diesen Abschnitt mit einem Blick auf den geschichtlichen Kontext: Schon in frühislamischer Zeit wurde von Persönlichkeiten wie Al-Hasan al-Basri (642-728), Abu Hanifa (699-767), Shafi'i (767-820) und anderen Kritik an den jeweiligen Herrscherdynastien der Umayyaden und Abbasiden geübt. Bereits diese Begründer von wichtigen islamischen Denkschulen beschäftigten sich mit der Frage, ob die Herrschaft der Dynastien, die nicht mehr dem egalitären Gesellschaftsbild der Prophetenzeit entsprach, als gottgewollt hinzunehmen sei, oder welche Formen von Widerstand und Kritik legitim wären. Gerade die Anfänge der Mystik seien mit einer Verweigerungshaltung gegenüber den zeitgenössischen politischen Machtverhältnissen verbunden gewesen.

Auch die schiitische Oppositionshaltung ist in diesem Zusammenhang erwähnenswert. Nach dem Tode des Propheten im Jahr 632 folgte die Ära der vier rechtgeleiteten Kalifen (arab. khalifa = Vertreter): Abu Bakr regierte von 632-634, Umar von 634-644 und Uthman von 644-656 - seine Ermordung war nach Heinz Halm, Professor für islamische Geschichte in Tübingen, symptomatisch für die wachsenden Spannungen innerhalb der Gemeinschaft. Uthman war ein Mitglied der Familie Umayya, die bereits in Mekka eine Führungsrolle innegehabt hatte. Man warf Uthman vor, Mitglieder seiner Familie bevorzugt behandelt zu haben. Der 4. Kalif Ali (656-661) war der Vetter und Schwiegersohn des Propheten und wurde mit der Etablierung eines Gegenkalifats unter Mu'awiya (661-680) in Damaskus konfrontiert. Mu'awiya war ebenfalls ein Mitglied der reichen mekkanischen Familie Umayya, die dem Propheten selbst ursprünglich lange feindlich gesinnt war und erst nach der Einnahme Mekkas zum Islam fand. Mit Mu'awiya erhob die einst schon in Mekka führende Familie Umayya erneut ihren Führungsanspruch – jetzt innerhalb der islamischen Gemeinschaft. Die Anhänger der Partei (arab. Schia) Alis, der aus der Familie des Propheten stammte, leisteten hier entschiedenen Widerstand gegen die Herrschaft des Umayya-Klans: die Oppositionspartei der Schiiten war enstanden.[79] Als der fünfte Kalif Mu'awiya seinen Sohn Yazid zum Nachfolger ernannte, wollte der Prophetenenkel und Sohn Alis Al-Husain mit Hilfe der Anhänger seines Vaters, der Schiiten, dagegen ankämpfen. Er wurde jedoch 680 in Kerbala im Irak von Regierungstruppen ermordet. Die Schia hielt dann als oppositionelle Minderheit am Prinzip der Nachfolge aus der Familie des Propheten fest: Muhammads Vetter und

---

[79] Vgl. Halm, 2005, S. 23f.

Schwiegersohn Ali wurde als der einzige rechtmäßige Nachfolger (khalifa) und das gottgewollte Oberhaupt der Gemeinde (Imam) gesehen. Er gilt als der erste Imam, ihm folgten seine Söhne Hasan und Husain als zweiter und dritter Imam. Nach der Herrschaft der Umayyaden (661-750) wurden weitere nachfolgende Imame von den Abbasiden (750-1259) nach Halm in einer Art ehrenvoller Haft gehalten. Nach schiitischer Tradition gelten die Imame als Märtyrer, da sie alle ermordet worden sein sollen. [80]

In der Epoche der Abbasiden war unvorstellbarer Reichtum überall anzutreffen, dies begünstigte einerseits einen gewaltigen Aufschwung in allen wissenschaftlichen Disziplinen und andererseits Extravaganz und Verschwendung. Die Dekadenz der Zentralregierung schwächte deren Kontrollfunktion und begünstigte die Entstehung von Teilstaaten. In Spanien entstand in Cordoba ein Gegenkalifat der Umayyaden und in Ägypten ein Gegenkalifat der (schiitischen) Fatimiden. Militärisch ausgebildete türkische Sklaven, die Mameluken, gewannen mit der Zeit die Oberhand, und ihre Anführer gründeten die verschiedenen Teilreiche der Mameluken, welche von 1250-1534 regierten. Angriffe der Tartaren und Mongolen unter Dschingis Khan und Hulagu versetzen dem islamischen Reich empfindliche Schläge, weiters kam es zwischen 1096 und 1270 zu den Kreuzzügen. [81] Nach dem Überfall der Mongolen auf die islamischen Gebiete gründeten die Osmanen in Kleinasien ein eigenes Reich (1301-1924). [82]

Nach der raschen Ausdehnung des islamischen Herrschaftsgebietes im ersten Jahrhundert über mehr als die Hälfte der damals bekannten Welt, dominierten die Muslime die politische und kulturelle Weltszene für mehrere Jahrhunderte. Die damalige Toleranz und Offenheit gegenüber dem freien Denken ermöglichte es den Muslimen in der Blütezeit der islamischen Zivilisation, einen großen Beitrag zur Weltkultur zu leisten, und zwar auf vielen Wissensgebieten, die auch heute noch die Basis moderner Wissenschaften bilden. Mit der Zersplitterung des islamischen Reiches und dem Beginn des Zeitalters der europäischen Industrialisierung sowie der damit zusammenhängenden Kolonialisierung versanken die muslimischen Völker nach dem ägyptischen Juristen Hamdy Mahmoud Azzam in eine „lange Nacht des

---

[80] Vgl. ebenda, S. 46f.
[81] Vgl. Azzam, 1989, S. 72fff.
[82] Vgl. ebenda, S. 77.

Niedergangs und der Abhängigkeit". Die Dekadenz betraf sowohl politische, wirtschaftliche als auch religiöse Aspekte. Das Verständnis der Religion und die Religionsausübung wurden von Aberglaube, formellen Auslegungen und abweichenden Riten geprägt.[83] Azzam hält fest, dass der Islam seinen Tiefpunkt mit dem Ende des osmanischen Kalifats 1924 erreicht hätte („kranker Mann am Bosporus"). Die erste direkte Berührung zwischen Europa und der islamischen Welt geschah in osmanischer Zeit durch die Expedition Napoleons nach Ägypten 1798, es folgte der Einfluss Englands und Frankreichs während der Kolonialherrschaft. Als Antwort auf diese Konfrontation kam es zu einer ersten Reformbewegung unter dem Denker Dschamal-eddin Al-Afghani (1839-1897) und seinem Schüler, dem Theologen Muhammad Abdou (1849-1905). Ihre Reformbestrebungen üben nach wie vor einen starken Einfluss auf die heutige islamische Welt aus. Afghani und Abdou sahen keinen prinzipiellen Gegensatz zwischen dem Islam und dem modernen Zeitalter mit seinen Errungenschaften. Das moderne Zeitalter könne auch aus islamischen Wurzeln heraus gestaltet werden. Dies unter der Voraussetzung, zum Ursprung des Islam zurückzukehren und ihn von „schädlichen Neuerungen" zu befreien, worunter auch übertriebene formale Auslegungen verstanden wurden. Beide Reformer plädierten für eine selektive Auswahl bei den modernen Errungenschaften: Prozesse, die krass gegen die Lehren des Islam verstoßen, werden abgelehnt. Die überwiegende Mehrheit der Muslime sieht entsprechend diesen Vorstellungen heutzutage keine unüberwindlichen Gegensätze zwischen ihrer Religion und dem modernen wissenschaftlichen Zeitalter.[84] Ein weiterer wichtiger Vertreter ist in diesem Zusammenhang der Dichter und Denker Muhammad Iqbal (1877-1938) aus dem indo-pakistanischen Raum. Er gilt als ein Vordenker des islamischen Erwachens, der sich auch intensiv mit der europäischen Philosophie auseinandersetzte. Eine Jahrhunderte andauernde intellektuelle Erstarrung des Islam solle durchbrochen und das religiöse Denken neu belebt werden. In seinem Hauptwerk „Die Wiederbelebung des religiösen Denkens im Islam" stellt er fest, dass die Muslime einerseits ewige Prinzipien brauchen, um Beständigkeit in einer Welt des Wandels zu garantieren. Andererseits sei der Idschtihad, die Urteilsfindung

---

[83] Vgl. ebenda, S. 19f.
[84] Vgl. Azzam, 1989, S. 23f.

aufgrund der eigenen Vernunft im Lichte des Islam, als ein Prinzip der Bewegung in der Struktur des Islam zu sehen und neu zu beleben.[85]

Die formale Unabhängigkeit muslimischer Völker nach der Kolonialherrschaft brachte noch keine völlige politische und wirtschaftliche Unabhängigkeit, ähnlich wie bei den Völkern Lateinamerikas, Afrikas und Asiens. Die Theologin Halima Krausen skizziert drei verschiedene Reaktionen der Muslime auf die koloniale Herausforderung bzw. auf die Aufholphase nach der Kolonialzeit und die Aufarbeitung des Entwicklungsrückstandes:

- Konservative Strömungen versuchen, bewährte Werte und Institutionen der Tradition zu erhalten.
- Modernistische Strömungen wollen sich von traditionellen Zwängen befreien und werden daher oft mit dem Vorwurf der „Verwestlichung" konfrontiert.
- Verschiedene Ansätze neu aus den Quellen zu schöpfen, bei denen leicht die Gefahr besteht, dass sie als „fundamentalistisch" diskriminiert werden. Hier würden die Bestrebungen eine breite Palette umfassen: Bestrebungen der Selbstbestimmung im soziopolitischen Bereich, Neuansätze in Bildung und Wissenschaft, ethisch-spirituelle Neubesinnung mit Ausblick auf gesellschaftliche Alternativen...

Hier wäre es nach Krausen sehr wichtig, genau zu differenzieren und im interkulturellen und interreligiösen Gespräch genau hinzuhören. „Eine Besinnung auf religiös-ethische Grundlagen und ein Lernen aus historischen Erfahrungen bedeutet im Islam ebenso wenig wie im Christentum Rückkehr in irgendeine idealisierte Vergangenheit sondern das Bemühen, die Probleme der Gegenwart zu bewältigen und eine konkrete Zukunftsperspektive zu entwickeln."[86] Der theologische Ansatz liege darin, so Krausen, dass Gott gerecht sei und auch seinen Statthalter auf Erden, den Menschen, dazu auffordere, gerecht zu sein. Vor Gott gehe es nicht um das Überleben des Stärkeren, sondern um den Fortbestand des ethisch Bewährten. Der Mensch solle als freier Diener Gottes nicht fremden Mächten ergeben sein. Die Vision einer zukünftigen Gesellschaft sehe so aus: dem einzigen Gott steht eine einige menschliche Gemeinschaft gegenüber, die nicht in ethnische Herkunft, soziale

---

[85] Vgl. http://www.qantara.de/webcom/show_article.php/_c-469/_nr-400/i.html .

[86] Krausen, 1998, S. 120.

Klasse, usw. gespalten ist, sondern deren innere Vielfalt eine Ergänzung und Bereicherung bedeutet.[87]

Wirtschaftliche Befreiung

Selbstbestimmung, so Krausen, sei ohne wirtschaftliche Befreiung kaum möglich, gerade hierin liege das Problem für muslimische Völker. Selbstbefreiung aus wirtschaftlicher Abhängigkeit erfordere ein hohes Maß an Disziplin und Bereitschaft zum Verzicht während des Loslösungsprozesses. Eine Entwicklung von gerechten Wirtschaftsmodellen sei notwendig. Krausen verweist darauf, dass eine Wirtschaftsethik nach Qur'an und Sunna verschiedene Ansätze vorsieht, um die Kluft zwischen Arm und Reich zu verringern.

An erster Stelle nennt Krausen die Zakat, jene Abgabe an die Armen, die eine religiöse Grundpflicht im Islam darstellt. Es handelt sich dabei um eine steuerähnliche Abgabe, die geleistet wird, wenn bei der jährlichen Inventur des eigenen Vermögens ein gewisses Existenzminimum überschritten wird. Ein bestimmter Prozentsatz wird dabei den Armen zur Verfügung gestellt, wobei Gott als der Gebende gesehen wird, und die Menschen seine Gaben lediglich weitergeben. Daher sei Zakat soziales Engagement und Solidarität.

Im Weiteren erwähnt Krausen das „Zinsverbot", mit dem vor allem das Verbot *unfairer* wirtschaftlicher Vorteile gemeint wäre, wie Gewinnansprüche ohne Risikobeteiligung, Wucher, Spekulationen und anderen Praktiken, die zur Ausbeutung beitragen. Notwendig wären hier, so Krausen, konstruktive Überlegungen, die bestehende Ungerechtigkeit zu überwinden und zur Gestaltung einer gerechten Wirtschaftsordnung beizutragen. Derzeit könne sich keine Gesellschaft mehr losgelöst von anderen sehen. Der qur'anische Gerechtigkeitsbegriff werde durch die Waage symbolisiert: Gerechtigkeit sei die ausgewogene Beziehung zwischen den Beteiligten. Gott sei gerecht, menschliche Gerechtigkeit bedeute: sich selbst in einem Beziehungsnetz zu sehen und zur Gestaltung ausgewogener Beziehungen beizutragen, indem man Selbstbeherrschung und korrektes wirtschaftliches Verhalten übe und weniger privilegierten Menschen entgegenkomme, wenn man dazu in der Lage sei.[88]

---

[87] Vgl. ebenda, S. 121.
[88] Vgl. ebenda, S. 122ff.

Moralische Befreiung

Krausen hält fest, dass einer Erstarrung der etablierten Rechtsschulen bereits gegen Ende des 18. Jahrhunderts Forderungen nach einer Befreiung aus der Erstarrung entgegengesetzt wurden. Die Durchführung war jedoch unbefriedigend: neue Probleme wurden entweder ignoriert oder mit Mitteln bekämpft, die dem Islam fremd waren. Aus qur'anischer Sicht sei der Mensch ein seinem Schöpfer gegenüber verantwortliches Wesen mit Fähigkeiten, die entfaltet und zum Lob des Schöpfers eingesetzt werden sollen. Dieses Menschenbild, so Krausen, sei mit Autoritätsgläubigkeit unvereinbar, der Qur'an stelle unkritische Nachahmung in die Nähe des Götzendienstes und tadle all jene, die von ihrer Vernunft keinen Gebrauch machen würden (22/46-47 und 21/67-68). Daraus hätte sich in der frühislamischen Zeit ein ganz neues Selbstwertgefühl ergeben, wie es in den Berichten von den Gefährtinnen und Gefährten des Propheten deutlich werde. Dieses Selbstwertgefühl habe jedoch durch koloniale Entfremdung und Eurozentrismus stark gelitten. Krausen betont die einstmalige Offenheit der Muslime für Austausch und schreibt: „Sie leiden deshalb umso stärker darunter, dass ihre eigenen Erkenntnisse, Methodologien und Maßstäbe für einen partnerschaftlichen Dialog nicht wirklich ernst genommen werden."[89] Krausen weist auch auf die zentrale Stellung des Wissenserwerbs im Islam hin: nach einer prophetischen Überlieferung ist das Streben nach Wissen eine „religiöse Pflicht für jeden Muslim, Mann und Frau". Zum Wissen zähle nicht nur die Information, sondern eben auch die Erkenntnis der Beziehungen des Menschen zu sich selbst (d.h. was bedeutet das für mich, wie stehe ich dazu…), zu seinen Mitgeschöpfen und zu Gott. Darin bestehe der Kern der Ethik und dadurch entstünden Impulse, durch die Kultur entstehe. Gegenwärtig seien die Muslime auf der Suche nach ihren kulturellen Werten und überlagerten Grundwerten. Fremde Klischeezuschreibungen sind dabei für die Selbst-wahrnehmung nicht wirklich förderlich, was sich am Beispiel der Beziehung zwischen Mann und Frau zeige, die im Qur'an als gleichwertige Partner angesehen werden, welche einander ergänzen (4/2 und 9/71). In unserer Zeit habe, so Krausen, die islamische Botschaft besonders auf bisher traditionell orientierte muslimische Frauen befreiend und motivierend gewirkt, sowohl durch neue Perspektiven und Möglichkeiten als auch durch im Qur'an genannte Leitbilder wie z.B. Pharaos Frau, die gegen die Tyrannei Pharaos Widerstand leistete, oder die Königin von Saba, die

---

[89] Ebenda, S. 125.

sich als Staatschefin gegen den Rat ihrer Minister für friedliche Lösungen einsetzte.[90] Ein Rückblick darauf, wie Frauen in den ersten Jahrhunderten des Islam ihre Möglichkeiten genutzt haben, könne auch heutige Frauen motivieren, neue Perspektiven zu finden, und dies in West[91] und Ost.[92]

Am Ringen um Selbstbestimmung und Wiederfindung der eigenen Werte seien jedoch Frauen und Männer beteiligt. Das Engagement der Frauen in Gesellschaft und Politik nehme ständig zu, ebenso die Anzahl der Frauen, die Recht und Theologie studieren. Es gehe ihnen dabei nicht nur um die Befreiung von einer Bevormundung durch fremde Mächte oder patriarchale Strukturen, sondern um die Befreiung von jeder Art des Objektseins. Dies könne auch in der Kleidung seinen Niederschlag finden: Die Aufmerksamkeit solle in der Öffentlichkeit von den körperlichen Vorzügen weg und auf die geistig-intellektuellen Vorzüge hin gelenkt werden - Frauen wollen als Person respektiert werden. Diese Haltung ist nach Krausen grundsätzlich von einer durch soziale Kontrolle durchgesetzten Kleiderordnung zu unterscheiden, von der sich Frauen wiederum zu befreien versuchen, auch unter Rückgriff auf westliche Kleidung.

Krausen betont, dass Qur'an und die prophetische Überlieferung (Sunna) immer im Zusammenhang mit dem soziokulturellen Hintergrund zu verstehen seien. Die Erstarrung, die sich in diesem Bereich im Laufe der Zeit breit gemacht habe, könne aufgelöst und durch neue Forschungsmethoden ergänzt werden. Kontextbedingte Aussagen müssten von zeitlosen Werten unterschieden werden, ein Verständnis des eigenen Kontextes sei notwendig, um dann die zeitlosen Werte darin verwirklichen zu können. Im Hinblick auf eine zunehmend globalisierte Welt mit einer Vielfalt an Religionen und Kulturen erwähnt Krausen, dass Vielfalt im Qur'an durchwegs positiv gesehen werde: nämlich als Ausdruck der schöpferischen Vielfalt Gottes.[93]

---

[90] Vgl. Krausen, 1998, S. 126 .

[91] Vgl. Schlaffer, Edith: Die moralische Autorität nützen, in: Kleine Zeitung, Online im WWW unter URL: http://www.frauen-ohne-grenzen.org/news/107 [Stand 4.6.08]

[92] Positive Entwicklungen in der Golfregion siehe: Mühlböck, Monika Fatima: Zur gesellschaftlichen Stellung der Frau in den arabischen Golfstaaten, in: Orient/Deutsche Zeitschrift für Politik, Wirtschaft und Kultur des Orients,IV/2007, Online im WWW unter URL: http://www.deutsche-orient-stiftung.de [Stand 4.6.08], S. 44-51.

[93] Vgl. Krausen, 1998, 126f.

Spirituelle Befreiung

An dieser Stelle geht Krausen auf die Befreiung vom „Diktat des eigenen Ichs" ein. Es geht hier um Habsucht und Machtgier sowie Ängste, die dem Individuum den zur Zivilcourage notwendigen Mut nehmen und die Begegnung oder Verständigung behindern. Ängste lassen sich bekanntlich leicht für den Aufbau von Feindbildern nutzen. Das Ich als „größter Götze" bedarf der Erziehung, was einen wesentlichen Bestandteil der islamischen Lehre und Praxis sei, besonders in der Mystik. Gebet, Fasten und Zakat sollen letztlich das Individuum läutern und erziehen, in ständiger Erinnerung der Gegenwart Gottes...Krausen weist am Ende ihres Aufsatzes nach der politischen, wirtschaftlichen und moralischen Befreiung explizit auf die Bedeutung spiritueller Befreiung für junge Menschen hin. Aus der unmittelbaren Bindung an Gott kann der Mensch Mut und Kraft schöpfen, um sich von seinen Ängsten zu befreien. Krausen bemerkt wörtlich: *„Es genügt nicht, junge Menschen zu sozialisieren, indem man sie in bestehende Verhältnisse integriert, die selbst Objekt der Kritik und in unserer schnelllebigen Zeit jedenfalls veränderlich sind...es ist wichtig, ihnen Wege der Hoffnung und des Vertrauens zu zeigen, so dass sie eigenverantwortlich am Aufbau ihrer Zukunft mitwirken, ohne Angst die Vielfalt der Schöpfung und der menschlichen Lebensformen bejahen und damit umgehen können, und dass sie den großen inneren Reichtum entdecken, der Versöhnung bewirken kann."* [94]

2.2 Zusammenfassung

In der Ausrichtung auf das Unendliche findet der Mensch nach **Marian Heitger** seine größte Herausforderung: die Entfaltung seines Menschseins nach Maßgabe des Guten und Wahren. Das Wissen um das Wissen dokumentiere die Bindung des Menschen an die Wahrheit, das Wissen um das Wissen ist somit Gewissheit und Bedingung der Bindung an die Wahrheit, nicht ihr Gegenstand. Wenn der Gewissheit des Wissens das Glauben im Sinne von Religion entspreche, dann sei Religion notwendige Voraussetzung der Bildung. Gleichzeitig bleibe Religion auf Bildung angewiesen: in der Differenz zum Unendlichen bleibt jedem Menschen ohne Rücksicht auf Herkunft, Hautfarbe, Klasse, Geschlecht ... die lebenslange Aufgabe des sich Bildens gestellt. Insofern ist der Mensch als Zweck seiner selbst zu achten und darf nicht durch schnelllebige Konzeptionen instrumentalisiert werden.

---

[94] Krausen, 1998, S. 129.

Regulativ der Bildung ist die Selbstbestimmung, eine der zentralsten Ideen der Pädagogik, die zwar vielerorts gefordert, aber tatsächlich noch uneingelöst erscheint. Mit Selbstbestimmung ist bei Heitger nicht die völlig unbegrenzte Selbstverwirklichung im existenzialistischen Sinn eines Jean Paul Sartre gemeint, auch nicht ein gleichsam organisches Wachsen wie bei Maria Montessori, sondern Selbstbestimmung meint bei Heitger die Selbstverortung, die Bestimmung des eigenen Standpunkts, immer bezogen auf die Wahrheit und das Gute.[95] Erziehung vollzieht sich bei Heitger durch den Dialog zwischen Lehrern und Schülern, wobei der Lehrer zwar im Dialog dem Schüler hilft, seinen Standort zu bestimmen, ihm aber die letztlich die Selbstverortung in freier Wahl überlässt, mit Rücksicht auf die Fähigkeiten des jeweiligen Schülers. Vernünftige Argumentation und reflexives Denken sind wesentliche Bestandteile des Prozesses und werden angesichts der Bindung an das Wahre und Gute zur Forderung der Religion selbst. Ziel der Erziehung ist bei Heitger der freie, mündige Bürger.

Angelika Fournés stellt fest, dass Philosophieren mit Kindern eine Realisierungsform dialogischer Erziehung sein kann. Aufgrund der veränderten Kindheit ergeben sich auch veränderte Anforderungen an den gegenwärtigen Unterricht. Einstmals waren Erfahrung und Umgang von einer gewissen Kontinuität und Einheitlichkeit geprägt, derzeit dominiere eine Vielfalt. Erziehender Unterricht solle daher den Kindern heute nicht nur etwas zum Lernen und Leisten aufgeben, sondern müsse vor allem auch Denkprozesse in Gang setzen. Kinder müssten frühzeitig lernen, sich im Denken und durch das Denken zu orientieren, was ein Nachdenken ebenso einschließe wie ein Vorausdenken. Grundfragen des Zusammenlebens sollen daher im Dialog oder durch ein Philosophieren mit Kindern erörtert werden. Philosophieren und Nachdenken versteht Fournés in diesem Zusammenhang als austauschbare Begriffe. Wer lerne, Fragen zu stellen und nach Antworten zu suchen, der werde zu einem selbstbestimmten Leben finden, so Fournés. Es gehe um ein ursprüngliches Philosophieren der Kinder, dessen Beginn das Staunen an sich sei. Kinder fragen nach dem Wesen der Welt, nach Leben und Tod, Träumen... Durch das Nachdenken über die Welt werde auch die Beschäftigung mit dem eigenen Standort in der Welt in den Mittelpunkt der Überlegungen gerückt. Fournés macht zum Konzept „Philosophieren mit Kindern"

---

[95] Vgl. Böhm, 2004, S. 13ff.

etliche grundsätzliche Bemerkungen: Philosophieren mit Kindern fungiere als fächerübergreifendes Prinzip. Weiters werde die veränderte Lebenswelt der Kinder zum Ausgangspunkt aller Überlegungen gemacht. Wertklärungsprozesse sollen in Gang gesetzt werden, da auch immer häufiger Kinder aus unterschiedlichen Kulturkreisen in der Klasse aufeinander treffen. Als praktisches Beispiel für das Philosophieren mit Kindern wurde von Fournés ein Projekt aus dem interkulturellen Bereich durchgeführt.

Obwohl es im muslimischen Kontext noch der Entwicklung einer gesicherten und anerkannten Bildungstheorie bedarf, beginnen sich erste Umrisse einer solchen bei **Harry Harun Behr** schon abzuzeichnen. Als oberstes Bildungsziel nennt Behr die Urteilskraft (*hukm*), welche im Hinblick auf die Mündigkeit des Menschen ein kritisches Bewusstsein voraussetzt. Mündigkeit hat also bei Behr offensichtlich wie bei Heitger oberste Priorität. Aus qur'anischer Sicht ist der Mensch nach Behr als ein in Entwicklung begriffenes Wesen zu verstehen. Er kann sich selber zum Gegenstand seines Nachdenkens machen und sich sprachlich ausdrücken, die Dinge beim Namen nennen. Die Dinge benennen bedeutet, darüber verfügen zu können, womit die Selbstverfügbarkeit ins Spiel kommt. Der Mensch kann seine Lebenswelt so gestalten, wie er es für richtig hält, allerdings mit Gott als Bezugspunkt einer existenziellen und elementaren Orientierung. Diese vordergründige Unfreiheit solle den Einzelnen vor befristeten weltlichen Zwängen und Instrumentalisierungen schützen. Selbstverantwortete, bewusst vollzogene religiöse Anbindung des Menschen an Gott solle den Menschen (von der Herrschaft durch andere Menschen) befreien. Die Erkenntnis des Schöpfers führt zur Anerkennung desselben als Maß aller Dinge. Wenn Gottes wesentlichstes Attribut die Barmherzigkeit (arab. rahma, im Wortstamm verwandt mit rahm: die Gebärmutter) ist, dann ist es gut, barmherzig zu sein. Wenn Gott sich selber vorgeschrieben hat, dass seine Barmherzigkeit seine Gerechtigkeit übertrifft, dann ist es gut gerecht zu sein, aber noch besser zu vergeben. Auch bei Behr liegen Sinn und Zweck des Menschen in seinem Dasein: der Mensch ist wie bei Heitger als Zweck seiner selbst zu achten. Sozialisation ist nach Behr mehr ein Prozess der aktiven Aneignung und weniger ein Prozess der Prägung oder Verinnerlichung einer äußeren Ordnung. Heranwachsende sollen daher auf das in ihnen schlummernde Potenzial hingewiesen werden, damit sie ihr Leben als Chance aktiver Gestaltung wahrnehmen können. Erziehung beruht auch bei Behr auf Beziehung. Im Zentrum des Islams als Bildungsgang steht nach Behr außerdem eine Achse nicht verhandelbarer Werthaltungen, wie z. B. Wissensdrang, Liebe, Gerechtigkeit, Gottvertrauen… Für die Begegnung zwischen den muslimischen Schülerinnen und Schülern und der Religionslehre des Islams gilt, dass diese Begegnung so zu gestalten ist, dass eine freie individuelle Orientierung möglich wird. Es geht dabei nach Behr um einen ausdrücklich erziehenden Unterricht (Begriff nach Koch/Schorch 2004), der auch eine Kultur des Fragens einüben will. Hier finden sich also m. E. bei Behr Elemente der Selbstbestimmung/Selbstverortung und einer dialogischen Erziehung, wie weiter oben auch bei Heitger.

Grobe Umrisse einer islamischen Befreiungstheologie finden sich bei der deutschen Islamwissenschaftlerin und Theologin **Halima Krausen**. Oberste Maxime ist in diesem Zusammenhang für die Muslime der erste Teil des islamischen Glaubensbekenntnisses: Es gibt keinen Gott außer Gott. Durch die Anerkennung Gottes als höchstem und einzigem Gegenstand der Verehrung wird die Gefahr einer Vergöttlichung von und somit Versklavung durch andere Menschen gebannt. Es geht auch bei Krausen um die Befreiung des Menschen von gesellschaftlichen Instrumentalisierungen. In einem kritischen geschichtlichen Rückblick stellt Krausen im Zusammenhang mit der politischen Befreiung fest, dass die zu Lebzeiten des Propheten Muhammad schwer erkämpften egalitären Herrschaftsstrukturen nach seinem Tod durch die nachfolgenden Herrscherdynastien der Umayyaden (661-750) und Abbasiden (750-1259) wieder untergraben wurden. Bedeutende sunnitische und schiitische Gelehrte sowie Mystiker gingen dabei von Anfang an in kritische Opposition, während mitunter auch bestechliche Gelehrte den jeweiligen Herrschern opportun zu sein versuchten. Im Zuge der enormen Ausdehnung des islamischen Herrschaftsbereiches unter den Umayyaden und Abbasiden kam es zu einem großen materiellen Reichtum, der einerseits eine Blütezeit der Wissenschaft unterstützte und andererseits die Dekadenz sowie den Zerfall des islamischen Reiches einleitete. Einfälle der Mongolen und die Kreuzzüge trugen zur weiteren Zersplitterung des Reiches bei. Nach der Herrschaft der Mameluken (1250-1534) und Osmanen (1301-1924) trafen Europa und die islamische Welt 1798 während der Expedition Napoleons nach Ägypten aufeinander. Die in Europa voranschreitende Industrialisierung und die damit verbundene Kolonialisierung auch der islamischen Staaten führte zu Reformbewegungen in der islamischen Welt: Dschamal-eddin Al-

Afghani (1839-1897) und Muhammad Abdou (1849-1905) sind ihre bedeutendsten Vertreter im 19. Jahrhundert.

Krausen diskutiert nach den politischen Befreiungsbestrebungen die wirtschaftliche, moralische und spirituelle Befreiung. Bei der wirtschaftlichen Befreiung geht es ihr um die Herstellung einer gerechten Wirtschaftsordnung nach der Unabhängigkeit von den einstigen Kolonialherren. Mit moralischer Befreiung meint Krausen u.a. die Befreiung von erstarrten Denkstrukturen und Nachahmung. Im Bezug auf den Qur'an plädiert sie für eine Unterscheidung von kontextbedingten Aussagen und zeitlosen Werten. Frauen müssen hierbei genau wie Männer am Ringen um Selbstbestimmung und Wiederfindung der eigenen Werte beteiligt werden. Spirituelle Befreiung bedeutet bei Krausen die Befreiung vom Diktat des eigenen Egos, welches durch diverse Ängste oft recht leicht manipulierbar sei. Aus der unmittelbaren Bindung an Gott könne der Mensch Mut und Kraft schöpfen, um sich von seinen Ängsten zu befreien.

2.3 Islamische Einflüsse auf Europa

Die Anerkennung muslimischer Leistungen in der Wissenschaft, Kunst und Kultur kann junge Muslime einerseits in ihrem Selbstwertgefühl stärken und sie andererseits zu eigenen Leistungen motivieren. Aus dem Blick auf die Vergangenheit können Perspektiven für die Zukunft erwachsen, vor allem wenn es dazu kommt, dass dabei gemeinsame Wurzeln entdeckt werden (griechisch-römisches Erbe). Die Bundeszentrale für politische Bildung in Deutschland hat zum Thema *„Islam - Politische Bildung und interreligiöses Lernen"* 10 Module (ca. 1000 Seiten) didaktisch aufbereiteter Unterrichts- und Informationsmaterialien entwickelt. In der ersten Teillieferung werden Einflüsse der islamischen Kultur auf Europa beschrieben.[96] Demnach blickte Europa während des Mittelalters mit einer Mischung aus Furcht und Bewunderung auf den Islam. Mathematik und Astronomie, Naturwissenschaft und Technik, Philosophie und Medizin hätten ohne die Vermittlung der Muslime nicht den Aufschwung nehmen können, wie er seit dem 12. Jahrhundert zu verzeichnen war. Einerseits spielten hierbei arabische Übersetzungen aus dem Griechischen eine Rolle, andererseits auch eigenständige arabische Weiterentwicklungen der antiken Wissenschaften. Am deutlichsten werde das in der Medizin. Jahrhunderte lang

---

[96] Vgl. Bundeszentrale politischer Bildung, Modul 1, 2005.

wurden Kranke in Europa nicht nur nach den Lehrbüchern des griechisch-römischen Arztes Galen behandelt, sondern bis mindestens ins 17. Jahrhundert nach dem berühmten "Kanon" des arabischen Philosophen und Arztes Ibn Sina (Avicenna, gest. 1037).

Auch in anderen Bereichen übten die Muslime eine nachhaltige Wirkung aus, beispielsweise in der Entwicklung des Gartenbaus, bei der Herstellung von Textilien, in der Musik durch die Verbreitung der Laute oder orientalische Tonfolgen in der Romantik... Die meisten Neuerungen fanden ihren Weg über Spanien und Sizilien nach Europa. In der Sprache dokumentieren Wörter arabischer Herkunft den vielfältigen kulturellen Einfluss aus der islamischen Welt: z.B. Alkohol von *al-kuhul*, Chemie von *al-kimiya*, schachmatt von *schah mata* = der König ist gestorben...[97] Es wird auch darauf hingewiesen, dass muslimische Gelehrte und Künstler in der Blütezeit der islamischen Kultur im Mittelalter mit großer Offenheit aus den verschiedensten Quellen schöpften: aus antiken, byzantinischen, persischen, indischen und chinesischen. Der Islam sei in der Regel auch der Welt des Wissens und der Wissenschaft sehr zugewandt gewesen.[98]

2.3.1 Transkulturalität der europäischen Philosophie

Der Hinweis auf gemeinsame Wurzeln im Denken scheint m.E. in einer Zeit der „Kulturkampftheorien" überaus wichtig. Die Anerkennung des muslimisch-arabischen und -östlichen Erbes neben dem griechisch-römischen Erbe kann bei den Menschen ein neues Bewusstsein hervorrufen: wir haben trotz aller Unterschiede einiges gemeinsam. Wenn diese Anerkennung an jenen Stätten geschieht, an denen Denken ausgetauscht und auch neu formuliert wird, dann ist das umso erfreulicher. Die Einflüsse des Islam in der Philosophie werden in einer Power-Point-Präsentation zur Ringvorlesung „Einführung in die Geschichte der Philosophie I" an der Universität Bremen eindrucksvoll dargestellt. Titel der Vorlesung ist die *„Transkulturalität der europäischen Philosophie – der Islam und die Aristoteles-Rezeption".* Es wird eingangs die Frage gestellt, wie europäisch die europäische Philosophie eigentlich sei. Was man als europäische Philosophie bezeichnen würde, sei ohne Einbezug des außereuropäischen Umfelds nicht verständlich. Die Philosophie begann für Europa in seinem Südosten, das den großen Wissenschaftskulturen des Nahen

---

[97] Vgl. „Kleines Lexikon deutscher Wörter arabischer Herkunft" von Nabil OSMAN.
[98] Vgl. ebenda, S. 72f.

Ostens am nächsten war. Erstes Zentrum war Milet, das die Hellenen „Morgenland"
nannten, das zweite bedeutende Zentrum lag in Athen. Die nächsten Zentren
befanden sich in Alexandria, Bagdad und Syrien. Die letzte große Lehrrichtung
innerhalb der hellenistischen Philosophie, der Neuplatonismus, kam in diesen
Ländern auf. Die europäische Philosophie ließe sich somit als eine Verbindung von
hellenischen und biblischen (orientalischen) Welt- und Wertvorstellungen
beschreiben. Im Mittelalter waren neben jüdischen Gelehrten wie Isaac Israeli (905-
955) in Kairouan sowie Maimonides (1138-1204) in Kairo auch islamische
Philosophen von Bedeutung. Es werden al-Farabi (870-950) und Ibn Sina/Avicenna
(980–1037) genannt, die aus Zentralasien stammten. Al-Ghazali (1058-1111)
stammte aus dem iranischen Tus und lebte zeitweise in Baghdad, Damaskus, Mekka
und Medina. Ibn Rushd/Averroes (1126-1198) stammte aus Cordoba. In der
Vorlesungsunterlage wird auch J. G. Herder zitiert, der um ca. 1790 über die Kultur
Europas bemerkte: *„Die ganze Kultur des nord-, öst-, und westlichen Europa ist ein
Gewächs aus römisch-griechisch-arabischem Samen...Die Philosophie der Araber
hat sich über den Qur'an gebildet und durch den übersetzten Aristoteles nur eine
wissenschaftliche Form erlangt. Der ungelehrte Mohammed teilt mit dem
gelehrtesten griechischen Denker (Aristoteles) die Ehre, der ganzen Metapyhsik
neuerer Zeiten ihre Richtung gegeben zu haben."* Die (rationale) Theologie und die
direkte Orientierung an der hellenischen Philosophie hatten ihre Blütezeit vom 8. bis
zum 12. Jahrhundert mit den Zentren Basra, Nishapur, Esfahan und vor allem
Bagdad. Die Vermittlung hellenischer Philosophie in den Islam war kam auch zum
größten Teil durch die Übersetzungs-Leistung christlich-syrischer Ärzte und
Übersetzer zustande.[99]

2.3.2 Wissen im Islam

In der Vorlesungsunterlage wird explizit auf die hohe Stellung des Wissens im Islam
hingewiesen, weiters halte der Islam zu interkultureller Offenheit an. Jeder Mensch
werde dazu angehalten, sich seiner eigenen Vernunft zu bedienen. Offenbarung und
Vernunft seien Gaben Gottes und seien, richtig verstanden, in Übereinstimmung
miteinander. Die Übereinstimmung sei nicht in jedem Fall selbstverständlich und

---

[99] Vgl. http://www.ip-idealismus.uni-
bremen.de/Archiv%20Lehre/Ringvorlesungen/Arabische%20Aristoteles-Rezeption.pdf [Stand 5.6.08],
S. 3-5, 7.

bedürfe der intersubjektiven Disputation. Der Islam beinhaltet deswegen auch eine Streitkultur. Sämtliche „Wurzeln des Verstehens" oder „Quellen der Rechtssprechung" wären in Betracht zu ziehen. Das seien zusätzlich zum Qur'an und zur mündlichen Überlieferung philosophisch anspruchsvolle Kriterien wie das eigene Urteilsvermögen, der Konsens der Fachleute, das allgemeine Wohl der Menschen und die faire Berücksichtigung sämtlicher Umstände. Der Islam fordere seiner ganzen Anlage nach zu philosophischen Überlegungen heraus. Solche fänden sich in vier Bereichen: in der Wissenschaft von der Theologie, in der Philosophie, in der Rechtswissenschaft und im Sufismus, der islamischen Mystik. Mit der Ausbreitung des Islam bis nach al-Andalus/Spanien verschob sich das Zentrum der Philosophie von Esfahan, Nisapur und Bagdad nach Europa, erst nach Cordoba und von dort aus nach Paris. Mit der Offenbarung des Qur'an begann der Übergang vom mündlichen Kulturtransfer zur schriftlichen Überlieferung. Dadurch wurde eine Aneignung des griechischen, persischen und christlichen Gedankenguts begünstigt. Der erste geoffenbarte Vers im Qur'an beginnt mit dem Wort Lies! (iqra) und symbolisiert nach der Vorlesungsunterlage das Aufkommen des Islam als einer neuen Ära kultureller und gesellschaftspolitischer Umwälzungen. Verschiedene kulturelle Einflüsse wurden fast vorurteilslos übernommen. Übersetzt wurden die Werke Platons, Aristoteles' und die neuplatonischen Kommentare. Mit Al Kindi (gest. 873) setzte die Hinwendung zu Aristoteles ein, es folgten Al Farabi (Ende 9.Jh.-954), Ibn Sina/Avicenna (980 -1037), Al Ghazali (1058 -1111) und Ibn Rushd/Averroes (1126 -1195).

Über Sizilien gelangten antike Werke unmittelbar in den Kreislauf europäischer Kultur. In Spanien existierten berühmte arabische Universitäten, in Toledo, Segovia und Salamanca. Diese Universitäten hatten auch viele Hörer aus Europa. Gherardo de Cremona (1114 -1187) vollbrachte die bedeutendste Leistung als Übersetzer: er übersetzte unter anderem die Aristoteles Kommentare des Ibn Sina/Avicenna vom Arabischen ins Lateinische, wobei er insgesamt etwa 80 Werke übertrug.[100]

Im Folgenden sollen einige bekannte Vertreter der islamischen Philosophie vorgestellt werden. Dies vor allem mit dem Ziel, auf die hohe Bedeutung des gemeinsamen griechischen Erbes und des selbständigen Denkens in der

---

[100] Vgl. http://www.ip-idealismus.uni-bremen.de/Archiv%20Lehre/Ringvorlesungen/Arabische%20Aristoteles-Rezeption.pdf [Stand 5.6.08], S. 8-9, 12-13.

islamischen Geschichte hinzuweisen. Islamischer Geschichte wird innerhalb der europäischen Geschichtsdarstellungen in den derzeit verwendeten Geschichtsbüchern meist nicht viel Raum gegeben. Geschichtsbücher, die explizit auf die Beiträge und Leistungen muslimischer Wissenschaftler oder Philosophen hinweisen, sind in den Schulen im Allgemeinen noch immer eher die Ausnahme. Im islamischen Religionsunterricht sollte der nach dem aktuellen Lehrplan auch explizit geforderte Miteinbezug der islamischen Kulturgeschichte in der 11. und 12. Schulstufe (17- und 18-jährige) vermehrt berücksichtigt werden. SchülerInnen können so aus der religiösen Tradition heraus zum selbständigen Denken und Forschen angeregt werden. Da in den humanistischen Gymnasien auch Latein und Griechisch als klassische Quellensprachen unterrichtet werden, kann der Hinweis auf die Verwendung griechischer Quellen durch die Muslime ein verbindendes gemeinsames Element zwischen den Muslimen und dem heutigen Europa darstellen.

2.4 Zur Geschichte der islamischen Philosophie

Ulrich Rudolph, Professor für Islamwissenschaft an der Universität Zürich, bemerkt in seinem Werk „Islamische Philosophie" eingangs: „ *Wer heutzutage von der islamischen Welt spricht, verbindet mit ihr meistens rückwärtsgewandte Tendenzen. Schriftgläubigkeit und Obskurantismus sind die Schlagworte der Stunde. Für Rationalität oder gar Philosophie scheint in diesem Bild kein Platz zu sein. Gleichwohl ist es unbestreitbar, dass dieselbe Welt noch vor nicht allzu langer Zeit ganz anders wahrgenommen wurde. Da war häufig von Kultur, von Philosophie, von Avicenna und Averroes die Rede: mithin von einer Tradition, die nur als Entfaltung höchster Rationalität verständlich ist.* "[101]

In der europäischen Forschungsgeschichte war die islamische Philosophie nach Rudolph lange Zeit kein Gegenstand von eigenem Interesse. Wichtig war in erster Linie der Beitrag der Muslime zur europäischen Geistesgeschichte durch die Überlieferung des antiken Erbes. Man gestand den Muslimen lediglich eine Brückenfunktion zu.

---

[101] Rudolph, 2004, S. 7.

Diese Perspektive wurde bis ins 20. Jh. beibehalten, von Interesse waren hauptsächlich die muslimischen Denker des 9.-12. Jahrhunderts: Kindi, Farabi, Avicenna und Averroes. Viele Forscher meinten sogar, dass ab dem 13. Jahrhundert keine Philosophie mehr betrieben worden wäre. Diese Auffassung wurde erstmals durch Henry Corbin erschüttert, der hier eine völlige Umwertung vornahm: nach 1200 habe es keinen Niedergang der islamischen Philosophie gegeben, sondern im Gegenteil eine Entwicklung von eigenen Konzepten. Heute dominiere nach Rudolph wieder eine andere Sicht, der gemäß es nach 1200 sehr wohl eine islamische Philosophie gegeben habe, aber ohne einen Bruch zu früherem Denken. Die islamische Philosophie sei als rationale Wissenschaft auch für das 13. Jahrhundert belegt, und wurde bis in die Gegenwart fortgeführt.[102]

2.4.1 Avicenna (Ibn Sina, gest.1037)

Seit der Mitte des 10. Jahrhunderts war für die Philosophie eine größere Aufmerksamkeit vorhanden, aber es kam weder durch Kindi noch durch Farabi zu einer wirklich breiten Akzeptanz in der islamischen Gesellschaft. Man konnte nach Rudolph noch kein breites Publikum und vor allem nicht die Schriftgelehrten davon überzeugen, dass die Philosophie für die Wahrheitssuche und Erlangung des menschlichen Glücks unerlässlich seien. Dies geschah erst mit Avicenna.[103]

Ibn Sina (980-1037) war ein enorm gebildeter Arzt mit einer außerordentlichen Auffassungsgabe. Seine Jugend verbrachte er in Buchara, wo er schon als Schüler seine gesamten Lehrer in kürzester Zeit übertraf. Aufgrund politischer Unruhen musste er ein rastloses Leben führen, er war Arzt und Wesir von verschiedenen iranischen Fürsten. Sein großes Forschungsinteresse und seine Schaffenskraft führten zu beeindruckenden Ergebnissen. Vor allem zu zwei Wissensgebieten verfasste er Standardwerke in arabischer Sprache:

- Medizin: *Im Kanon der Medizin* ordnete er das medizinische Wissen seiner Zeit systematisch
- Philosophie: wurde ebenfalls systematisch geordnet, didaktisch präsentiert und neu überdacht/begründet.

2 Werke sind hier nach Rudolph herausragend und originell:

---

[102] Vgl. ebenda, S. 7ff.
[103] Vgl. ebenda, S. 42.

1. *Die Heilung (1020-1027)*, hierbei handelt es sich um eine philosophische Summa in 4 Teilen (Logik, Physik, Mathematik, Metaphysik). Sie lehnt sich in ihrer Darstellung an Aristoteles an und wurde später in lateinischer Übersetzung zur Grundlage der Rezeption in Europa.

2. *Die Hinweise und Mahnungen (1030-1034)*, eine Summa in 2 Teilen (Logik, Physik/Metaphysik). Keine Anlehnung an Aristoteles, sondern freie Gedankenführung und faszinierende Sprachführung, prägte den islamischen Kulturkreis nachhaltig.

Ibn Sinas Quellen waren also vor allem Aristoteles, seine Kommentatoren, und Farabi. Er stellte viele Konzepte, die er aufgriff, in einen neuen Kontext oder lieferte eine andere Interpretation und Bewertung. Beispielsweise ist Farabis Trennung von Philosophie und Religion auch bei Ibn Sina eine Maxime, die er aber in der Durchführung dann oft überspielte. Ibn Sina behandelte weiters Themen, die Farabi zurückgestellt hatte: Theologie, Psychologie (Lehre von der individuellen Seele), Ontologie (Seinsbegriff).

Er betrachtete die Seins-Problematik von einem anderen Standpunkt aus als Aristoteles. Dadurch wurde eine neue Metaphysik begründet, bei der es zu einer Verbindung von der traditionellen Seinsanalyse mit Vorgaben der islamischen Theologie kam. Diese Seinsanalyse fand ein dementsprechend großes Echo im islamischen Kulturkreis.[104]

Auch zum Bereich der Psychologie hat Ibn Sina wichtige Anregungen beigetragen. Er stellt in den *Mahnungen* die Frage, ob wir uns selber leugnen können. Seine Antwort: Nein, wir können uns nicht selber leugnen, jedes Selbst ist sich der Tatsache bewusst, dass es existiert. Womit wir uns selber wahrnehmen? Nicht durch irgendwelche äußere Hilfsmittel, sondern durch die Seele, sie beherrscht und lenkt den Leib. Die Seele ist immateriell, unabhängig vom Körper und individuell. Sie lässt sich nicht nur bei jedem einzelnen Menschen nachweisen, sondern macht dessen Individualität aus. Alles Nachdenken über den Menschen geschieht durch die rationale Seele, sie ist der Anfang und Träger der letzten Bestimmung. Diese

---

[104] Vgl. ebenda, S. 44f.

rationale Seele soll durch Erkenntnisse vervollkommnet werden, die ewige Glückseligkeit erlangt man aufgrund individuell erbrachter geistiger Anstrengungen.[105]

Ibn Sinas Erkenntnisweg umfasst 4 Stufen des Verstehens (in Anlehnung an Kindi und Farabi):

1. Potentieller Intellekt: reine, noch unentwickelte Fähigkeit des Menschen zu denken
2. Intellekt mit Disposition: bedient sich apriorischer Begriffe (Sein, Möglichkeit,...)
3. Aktueller Intellekt: erfasst zusammengesetzte Begriffe
4. Erworbener Intellekt: die rationale Seele realisiert sich als aktuell Denkende und vollkommen Wissende
5. Aktiver Intellekt: wird kosmisch gedeutet, leitendes Prinzip

Daneben existiert bei Ibn Sina eine zweite Form des Erkennens, die Intuition (hads), diese baut auf dem aristotelischen Begriff des Scharfsinns auf. Durch die Intuition können alle Begriffe und Beweiszusammenhänge mühelos erfasst werden, wobei die logischen Operationen nicht umgangen werden. Nach Ibn Sina gibt es immer wieder Menschen, deren Wissen weit über das ihrer Zeitgenossen hinausgeht (z.B. Aristoteles). [106]

2.4.2 Abu Hamid Al-Ghazali (gest.1111)

Mit Ibn Sinas Entwurf war nach Rudolph ein neuer Diskussionsstand erreicht worden. Für Farabi waren religiöse Fragen partikular, sie wurden aus der Philosophie ausgeklammert. Für die Theologen seiner Zeit (v.a. Aschari, Maturidi) war das rationale Denken der Überlieferung unterzuordnen. Ibn Sinas Entwurf war nach Rudolph eine Synthese zwischen den beiden Standpunkten. Durch ihn öffnete sich die Philosophie für Fragen, die sich den Muslimen neu stellten, über die Fragestellungen der antiken Texte hinaus.

Aber Ibn Sina erntete heftige Kritik, und der Wortführer war hierbei nach Rudolph Abu Hamid Al-Ghazali (gest. 1111), der herrausragende religiöse Gelehrte seiner Epoche, wenn nicht der gesamten islamischen Geistesgeschichte. Er führte ein oft

---

[105] Vgl. ebenda, S. 49ff.
[106] Vgl. ebenda, S. 52f.

unstetes, dramatisch anmutendes Leben von unermüdlicher Produktivität. In dieser Dramatik spiegelt sich nicht nur das persönliche Ringen eines Gelehrten wieder, sondern die intellektuelle Krise eines ganzen Zeitalters, das besonders auch durch die Philosophie herausgefordert wurde. Durch Ibn Sina war man vor neue Dimensionen gestellt worden, sodass sich Ghazali vor eine ausgesprochen ernste Aufgabe gestellt sah. Ghazali versuchte jedoch nicht, die Philosophie als ganze, in sich geschlossene Wissenschaft zu beurteilen, sondern untersuchte verschiedene Segmente, und bewertete diese unterschiedlich[107]:

- *Mathematik und Logik*: wurden von ihm ausdrücklich gelobt und ohne Einschränkung geschätzt. Die Philosophen trügen in diesen Bereichen klare Reflexionen und unwiderlegbare Argumente vor, und Ghazali forderte die religiösen Gelehrten sogar auf, es ihnen gleich zu tun. Er hob speziell die Logik (Organon/Aristoteles) hervor und innerhalb der Logik die Beweislehre. Für Ghazali waren dies Grundlagen, auf der jede wissenschaftliche Argumentation aufbauen muss. Er verfasste deswegen sogar zwei Handbücher für seine Kollegen über aristotelische Logik. Die Theologie und Jurisprudenz sollten methodisch gesehen auf ein neues Fundament gestellt werden. Es sollten nicht nur dialektische Schlüsse angewandt werden, sondern die Theologie/Jurisprudenz sollten zu Wissenschaften mit Beweisanspruch werden.

- *Politik/Ethik:* Ghazali hält die Aussagen der Philosophen in diesen Bereichen für nicht besonders originell, sondern für eher allgemein anerkannte Meinungsäußerungen, wie z.B. bei Weisheitssprüchen.

- *Metaphysik*: Nach Ghazali sind hier nicht nur viele falsche, ungesicherte Prämissen vorausgesetzt worden (Philosophen gehen nicht von der Offenbarung aus), sondern es lagen auch mangelhafte Argumente vor (Philosophen von eigenen Theorien geblendet, widersprechen sich selbst). Im Bereich der Metaphysik sieht er also die meisten und gravierendsten Irrtümer der Philosophen.[108]

Ghazali widmete diesen Irrtümern ein eigenes Werk: *Die Inkohärenz der Philosophen*, eine der berühmtesten Schriften Ghazalis. In 20 Kapiteln wird je ein philosophischer Irrtum aufgezeigt und analysiert. In der Sekundärliteratur heißt es

---

[107] Vgl. ebenda, S. 56.
[108] Vgl. ebenda, S. 57f.

deswegen oft, es handele sich hierbei um eine umfassende schonungslose Abrechnung mit der Philosophie. Tatsächlich hat Ghazali aber auch innerhalb dieser Schrift differenziert. Art und Ausmaß der Fehler der Philosophen werden von ihm nicht gleich beurteilt. Seine Methode wurde hierbei zum Vorbild für viele Theologen, sogar die Bewertungskategorien blieben lange Zeit aktuell.[109]

Mahmoud Zakzouk ist in Ägypten Minister für religiöse Angelegenheiten und seit 1968 Professor für Philosophie an der Al-Azhar Universität in Ägypten. In der religiösen Hierarchie Ägyptens ist er somit die Nummer zwei nach dem Scheich der Al-Azhar Dr. Muhammad Sayyid Tantawi (die Al-Azhar ist eine der angesehensten Bildungsinstitutionen der islamischen Gemeinschaft).[110] Zakzouk, der auch Mitglied der Europäischen Akademie der Wissenschaften und Künste ist[111], schreibt in seiner *Einführung in den Islam* über Ghazali: Das Bemühen um geistige Selbständigkeit stand im Zentrum seines Lebens. Von Autoritätsgläubigkeit und blinder Nachahmung habe sich Ghazali schon früh befreit. Er untersuchte alle Lehrrichtungen und Auffassungen seiner Zeit und verglich die Vielfalt der Meinungen, der er sich gegenüber sah, mit einem tiefen Meer, in das er sich stürzte, um alles zu untersuchen. Wer das Wahre durch die Menschen erkenne, so Ghazali, ohne auf seine eigene Intelligenz zu vertrauen, dessen Bemühen sei vom rechten Weg abgewichen. Alles was sich nicht als unmittelbar wahr ausweise, sei zunächst zu bezweifeln, denn die Zweifel leiten zur Wahrheit. Die Wahrheit solle durch Denken gesucht werden.[112]

Zusammenhang von Vernunft und Mystik bei Ghazali

Zakzouk schreibt weiters, dass die Vernunft in Ghazalis Denken eine sehr wichtige Rolle spiele. Die Vernunft ist nach Ghazali die Naturanlage und das ursprüngliche Licht, wodurch der Mensch die Wahrheit der Dinge begreift. Und zwar nur dann, wenn sie sich von den Täuschungen der Phantasie befreit, sowie von den durch *taqlid* (blinde Nachahmung) erlangten Meinungen. Vernunfterkenntnisse können nicht durch blinde Nachahmung erlangt werden, sondern nur durch selbständige Aneignung. Logik dient hier als Mittel zur Überwindung von Täuschungen. Die

---

[109] Vgl. ebenda, S. 59f.
[110] Vgl. http://de.wikipedia.org/wiki/Mahmoud_Zakzouk .
[111] Vgl. http://www.european-academy.at/de/index.html .
[112] Vgl. Zakzouk, 2000, S. 476ff, 480.

erforderliche dauerhafte Gewissheit in den Vernunfterkenntnissen könne man nur durch eine lange Übung des intuitiven Vermögens und das intensivste Studium der Vernunfterkenntnisse erhalten.

Neben dem durch Lernen und Studien erworbenen Wissen gebe es ein unmittelbar erlangtes Wissen, welches die Propheten und Heiligen haben, und das ohne menschliche Unterweisung unmittelbar von Gott ihren Herzen zufließe. Dieses Wissen nennt man das unmittelbare Wissen. Der mystische Weg führe zu diesem Wissen.

Die Vernunft hat dabei folgende Grundfunktionen: das Studium der Wissenschaften, echte Selbstdisziplin und Nachdenken. Wenn diese drei Bedingungen erfüllt werden, wird nach Ghazali im Herzen des Nachdenkenden ein Fenster zur unsichtbaren Welt hin geöffnet, er wird wissend, inspiriert und gestärkt. Weiters dient die Vernunft zur kritischen Beurteilung und Auswertung der mystischen Erlebnisse. [113]

Vernunft und Offenbarung

Die Vernunft steht zur Offenbarung nach Ghazali in folgendem Verhältnis: Die Vernunft ist wie das Baufundament, und die Religion wie der Bau. Die Aufgabe der Vernunft ist, dass sie uns zur Religion hinführt und uns ihr dann überantwortet. Die Propheten sind die Ärzte der Krankheiten des Herzens. Vernunft und Offenbarung dürfen einander nicht widersprechen, da beide dieselbe Wahrheit vermitteln. Die Vernunft ist für Ghazali ein Muster vom Licht Gottes, und die Offenbarung stammt von Gott, also haben beide dieselbe Quelle. Die Religion ist eine Vernunft von außen, und die Vernunft eine Religion von innen, sie bilden eine Einheit. Vernunft und Offenbarung sollen den Menschen zu seinem Heil führen. [114]

2.4.3 Averroes (Ibn Ruschd, gest.1198)

Rudolph stellt fest, dass Ibn Ruschd von Cordoba nach Marrakesch gekommen war. Er war ausgebildeter Arzt und Jurist am Almohadenhof, und vertiefte sich außerdem in philosophische Studien. Ibn Ruschd hatte ganz andere Vorstellungen davon, was Philosophie sei, und ob man überhaupt philosophieren darf. In seinem Werk *Die*

---

[113] Vgl. ebenda, S. 493fff.
[114] Vgl. ebenda, S. 497ff.

entscheidende Abhandlung geht er der Frage nach, ob das Studium der Philosophie/Logik vom religiösen Gesetz her erlaubt, verboten, empfohlen oder notwendig sei. Im Qur'an gibt es Aussagen wie *"Denkt nach, die ihr Einsicht habt!"* (59/2) oder *"Haben sie denn nicht über Gottes Herrschaft über Himmel und Erde und (darüber), was Gott alles geschaffen hat, nachgedacht?"* (7/185). Diese Stellen belegen nach Ibn Ruschd, dass die Menschen über den Aufbau der Welt und ihren Ursprung reflektieren sollen, und zwar auf die bestmögliche Art und Weise *"Lade zum Weg deines Herrn mit Weisheit und schöner Ermahnung ein, und diskutiere mit ihnen auf die beste Art und Weise."*(16/125) Die beste Form des Denkens sei aber jene, deren Ergebnisse bewiesen werden, was durch die Philosophie erreicht werden kann. Für Ibn Ruschd steht nun fest, dass der Qur'an die Beschäftigung mit der Philosophie nicht nur empfiehlt, sondern sogar zwingend vorschreibt *(wadschib)*. Allerdings betrifft diese Pflicht nicht alle Menschen, sondern nur jene, die über einen entsprechend starken Intellekt verfügen. Nachdem aber andere Autoren die Philosophen beschuldigten, Ketzer zu sein, und sich dabei ebenfalls auf den Qur'an beriefen, musste Ibn Ruschd seine Argumentation genauer begründen.[115]

Er beginnt in *Die entscheidende Abhandlung* mit einer Betrachtung über die Prinzipien der Qur'anexegese, und unterscheidet drei verschiedene Arten von Aussagen im Qur'an:

- Gruppen von Versen, die klar verständlich sind. (z.B. das Glaubensbekenntnis, die *Schahada*)
- Gruppen von Versen, die dem äußeren Wortlaut nach klar verständlich sind z.B. Der Barmherzige hat sich auf dem Thron zurechtgesetzt (20/5), Macht wird so für die Menschen anschaulich dargestellt. Wer aber weiterdenkt, erkennt, das Gott keinen Körper hat wie ein Mensch, sondern dass es sich hier um eine allegorische Interpretation handeln muss.
- Gruppen von Versen, bei denen es nicht sicher ist, ob sie im wörtlichen oder übertragenen Sinn zu verstehen sind z.B. Aussagen über die Auferstehung. Diese können nicht durch einen Beweis überprüft werden. Nach Ibn Ruschd können die Gelehrten hier unterschiedlicher Meinung sein, weil keiner seine Lehre mit demonstrativen Argumenten absichern kann. Deshalb dürfe auch niemand für seine Ansichten zum Ketzer erklärt werden, außer die

---

[115] Vgl. Rudolph, 2004, S. 70f.

Auferstehung selbst wird geleugnet. Es besteht also nach Ibn Ruschd kein Anlass, die Philosophen zu beschuldigen, die Qur'an-Exegese lässt genug Spielraum.[116]

Er antwortete dann auf Ghazalis Anschuldigungen gegenüber den Philosophen in *Die Inkohärenz der Inkohärenz*. Ibn Ruschd weist hier Ghazalis Attacken zurück, und kritisierte auch seine Vorgänger (vor allem Ibn Sina) für ihre unüberlegten Behauptungen (Urewigkeit der Welt, Gott kennt die Einzeldinge nur auf allgemeine Weise, der Mensch kann nicht mit dem Leib, nur mit der Seele auferstehen). Diese Behauptungen wurden von Ibn Ruschd zurückgewiesen.

1. Urewigkeit der Welt: Es gibt keine genauen Aussagen über den Ursprung der Welt im Qur'an.
2. Frage nach dem göttlichen Wissen: Die Philosophen leugnen nicht, das Gott die Partikularia kennt, nur ist seine Art des Wissens von jeder Form menschlichen Wissens zu unterscheiden.
3. Auferstehung: Die Qur'anstellen über die Auferstehung kann man nicht auf einen wörtlichen oder übertragenen Sinn festlegen. Also darf hier auch niemand des Unglaubens bezichtigt werden, der eine andere Interpretation vorträgt.

Somit wurden alle Punkte geklärt, die Ghazali zu einer scharfen Verurteilung der Philosophen als Ketzer bewogen haben. Die Philosophie ist legitimiert, sowohl in ihrem grundsätzlichen Anspruch, als auch in ihren einzelnen Thesen! Ibn Ruschd wendet sich auf dieser Basis philosophischen Reflexionen zu, er schreibt Kommentare zu Aristoteles, Platon… Er will nichts vollkommen Neues erfinden, sondern den Weg zur Wahrheit zurückfinden, den Aristoteles schon vorher gefunden hat. Ibn Ruschd diskutiert Probleme, die das Corpus Aristotelicum aufwirft, vergleicht die Interpretationen hierzu und kommt dadurch doch zu neuen, originellen Antworten.[117]

Ibn Ruschds Ideen verbreiteten sich vor allem in Europa, man las seine Aristoteles-Kommentare in lateinischen Übersetzungen und hielt an ihnen bis ins 16.Jahrhundert

---

[116] Vgl. ebenda, S. 72.
[117] Vgl. ebenda, S. 73ff.

fest. Im Vergleich dazu war das Interesse in der islamischen Welt noch eher gering. Der Hauptstrom der Philosophie ging andere Wege.[118]

2.4.4 Einflüsse der Philosophie auf die Theologie

Ende des 12. Jahrhunderts lagen nach Rudolph somit mehrere philosophische Entwürfe vor, die sich alle auf Ibn Sina bezogen, mit jeweils verschiedenen Standpunkten. Einige warfen Ibn Sina vor, sich weit von der aristotelischen Lehre entfernt zu haben (Ibn Ruschd). Andere wieder meinten, Ibn Sina habe sich nicht weit genug von Aristoteles entfernt, die Philosophie solle in die Nähe der sufischen Erfahrung rücken (Suhrawardi/Ibn Tufail). Wieder andere waren der Tradition Ibn Sinas verbunden. Eine weitere, eher theologisch orientierte Gruppe versuchte sich Ibn Sinas Vorstellungen selektiv anzueignen, nach dem Vorbild Ghazalis nahmen sie einige Vorstellungen in ihre metaphysischen Konzepte auf und verwarfen andere als Häresie.

Die Philosophie stagnierte dann ab 1200 keineswegs, sondern wurde im 13. Jahrhundert und darüber hinaus fortgesetzt, aber unter veränderten Rahmenbedingungen. Viele islamische Gelehrte kannten jetzt die aristotelische Logik als Methode, was schon vom 11. zum 12. Jahrhundert durch Ghazali eingeleitet wurde. Fakhraddin ar-Razi (gest. 1210) verfasste das Handbuch *Das große Buch der Logik*, es kam insgesamt zu einem Aufschwung der logischen Studien. Das bekannteste Ergebnis ist *Die Einführung in die Logik/al-Isaghudji fi-Imantiq* von Athiraddin al-Abhari (gest. um 1265), welches bis ins 20.Jahrhundert im Unterricht verwendet und von vielen Gelehrten kommentiert wurde. Abdarahman al-Akhdari (gest.1546) verfasste dazu das Lehrgedicht *Die glänzende Leiter*.

Logik wurde in das Unterrichtsprogramm der Madrasa (islamische Hochschule) integriert, dadurch wurde ein Teilgebiet der Philosophie zur offiziell geförderten Wissenschaft. Durch die Übernahme der Logik wurde auch die Übernahme der aristotelischen Ontologie notwendig.[119]

---

[118] Vgl. ebenda, S. 77.
[119] Vgl. ebenda, S. 86f.

Diese Entwicklung zeigte sich weiters an der Struktur der theologischen Werke, den einleitenden Kapiteln kam jetzt eine Schlüsselrolle zu. Traditionell wurde die Frage nach dem Erkenntnisgewinn behandelt, erst nur kurz, doch nach 1200 waren es bereits ½ bis 2/3 der theologischen Erörterungen. In der Folge waren Sein, Kausalität, Kategorien, Substanzen hinzugekommen, d.h. in den Einleitungen zur Theologie wurde philosophische Ontologie verhandelt.

Die Philosophie gab einigen Gebieten Impulse und Anregungen:

- Der Theologie zu den Themen: Analyse des Seins (anhand der Kategorien notwendig-möglich-unmöglich), Klassifikation der Geschöpfe (Individuum/Art/Gattung), Epistemologie und der Lehre vom Menschen.
- Sufismus: z.B. Ibn al-Arabi (gest.1240) und seinen Schülern. Seine bekannteste These: *Wahdad al-wudjud/Ein(s)heit des Seins* Die Schöpfung steht in unaufhebbarer existentieller Verbindung zu Gott, sie ist die Manifestation der göttlichen Namen. Ohne die Ontologie Ibn Sinas war das kaum denkbar.

Nicht alle waren jedoch mit dieser Entwicklung einverstanden, Fakhraddin ar-Razi (Schlüsselfigur im 12./13.Jh) nahm einzelne Anregungen auf, lehnte die Philosophie als umfassendes Konzept aber ab. Ibn Taimiya (gest. 1328) lehnte die Philosophie mitsamt der Logik ab, und bekämpfte auch den Einfluss der Philosophen.[120]

2.4.5 Philosophie in der Gegenwart

Zeitgenössische Autoren können sehr unterschiedlich mit dem eigenen philosophischen Erbe umgehen. Ein Ansatz von al-Djabiri soll hier nur kurz dargestellt werden. Der Marokkaner Muhammad al-Djabiri (geb.1936) begann 1958 sein Studium in Damaskus und lehrte ab 1967 Philosophie in Rabat. Er entwickelte vor allem in der *Kritik der arabischen Vernunft* seine Thesen zur islamischen Geistesgeschichte. Er geht von einem epistemologischen Bruch zwischen dem östlichen und westlichen Teil der islamischen Welt aus. Im Osten bestand eine Tendenz zur Vermischung von Religion und Philosophie, Vorreiter war hier Ibn Sina mit einer Tendenz zu irrationalen Problemlösungen. Im Westen dagegen herrschte eine Tradition des kritischen Rationalismus, der seinen Höhepunkt mit Ibn Ruschd fand. Entscheidend ist für Djabiri, wo diese Haltungen später rezipiert wurden. Die muslimische Welt entschied sich für das östliche Denken, dadurch kam es zu einer

---

[120] Vgl. ebenda, S. 88ff.

Stagnation der wissenschaftlichen Entwicklung. Ibn Ruschds Ideen hingegen verbreiteten sich in Europa, was laut Djabiri der entscheidende Anstoß zur Durchsetzung der Wissenschaften im Europa der Neuzeit und einer rationalen Betrachtungsweise der Realität war.[121]

Djabiris historische Betrachtungsweise ist nach Rudolph freilich nur *ein* Ansatz von vielen gegenwärtigen Ansätzen. Fraglich ist auch, ob der Einfluss Avicennas als Philosoph tatsächlich so stark gewesen ist, wie Djabiri annimmt, da Ibn Sina doch vor allem als Arzt geschätzt wurde. Al-Ghazali wird viel eher als der bedeutendste Geist der sunnitischen Geistesgeschichte angesehen.[122] Trotzdem kann durch Entwürfe wie jene Djabiris nach Rudolph die anhaltende Bedeutung der islamischen Philosophie dargestellt werden. Aus diesen Ansätzen kann sowohl auf das Selbstverständnis der Autoren als auch auf die Art und Weise ihres Umgangs mit dem philosophischen Erbe des 11. und 12. Jahrhundert rückgeschlossen werden.[123] Rudolph hält fest, dass ab dem 13. Jahrhundert das Gebiet zwischen Transoxanien und dem fruchtbaren Halbmond (Iran, Irak) als das Zentrum philosophischer Studien angesehen werden kann[124], also ein Gebiet, in dem später die schiitische Denkschule dominierend wurde und philosophische Traditionen weiterführte.

Im Allgemeinen wird angenommen, dass es im sunnitischen Islam ab dem 11. Jahrhundert zur so genannten „Schließung des Tores des Idschtihad" kam, wodurch eine selbstständige Rechtsfindung unterbunden wurde und eine gewisse Erstarrung des Rechts eintrat. (Nach dem Qur'an und der Sunna, der Lebenspraxis des Propheten, sind der Konsens der Rechtsgelehrten, der Analogieschluss bei den Sunniten sowie öffentliches Interesse, Gewohnheitsrecht und schließlich die selbstständige Meinungs- bzw. Urteilsfindung (Idschtihad) die wichtigsten Rechtsquellen.) Im schiitischen Islam blieb dagegen die Möglichkeit zum Idschtihad offen, um durch Auslegung der primären Quellen zu aktuellen Rechtsfindung zu gelangen. Heute ist sowohl im sunnitischen als auch schiitischen Islam eine

---

[121] Vgl. ebenda, S. 109f.
[122] Vgl. ebenda, S. 56 und Zakzouk, 2000, S.501.
[123] Vgl. ebenda, S. 109.
[124] Vgl. Rudolph, 2006, S. 96.

Diskussion darüber, *wie weit* und *durch wen* Idschtihad betrieben werden kann, in vollem Gange. [125]

In der Unterrichtspraxis können einflussreiche Vertreter und Konzepte der islamischen Philosophie älteren SchülerInnen (Oberstufe) zur Kenntnis gebracht werden, um auf den offenen Umgang der Muslime mit verschiedensten Quellen zur Blütezeit des Islam im 8. - 13. Jahrhundert hinzuweisen. Der hohe Stellenwert des Wissens, selbstständigen Denkens und Forschens kann gar nicht oft genug betont werden, um die SchülerInnen so für ihre persönliche Weiterentwicklung zu motivieren. Auch die Tatsache, dass im Bereich des schiitischen Islam Elemente der Rationalphilosophie nach dem 11. Jahrhundert fortwirkten, sollte OberstufenschülerInnen bewusst gemacht werden: ein Wissen darüber ist in der Praxis meist nicht vorhanden.

3. VON DER THEORIE ZUR PRAXIS: PHILOSOPHIEREN MIT KINDERN UND JUGENDLICHEN

Im Kontext der gesamtgesellschaftlichen Problematik der Leistungsgesellschaft lässt sich festhalten, dass hier Muslime und Musliminnen zusammen mit allen anderen Bürgern in einem Boot sitzen. Die Kantsche Frage „Was soll ich tun?" stellt sich auch für eine religiöse Minderheit. Wie können islamische Bildung im Allgemeinen und der islamische Religionsunterricht im Besonderen dazu beitragen, im Sinne Heinzlmaiers und Heitgers einer Instrumentalisierung durch gesellschaftliche Mächte entgegenzuwirken und an einer humaneren Lebensweltgestaltung für alle Gesellschaftsmitglieder mitzuwirken? Wie könnten die bildungstheoretischen Ausführungen Heitgers in der Erziehungs- und Schulpraxis umgesetzt werden, und zwar in unserem Fall: aus einer muslimischen Perspektive heraus? Hier bietet sich als mögliche Lösung für den IRU das Modell: *„Philosophieren mit Kindern und Jugendlichen"* an, das aktuell bereits als Akademielehrgang institutionalisiert von katholischen und evangelischen ReligionslehrerInnen erlernt und praktiziert wird.

---

[125] Vgl. Abid, 2004, S. 13f.

3.1 Anfänge des Philosophierens mit Kindern und Jugendlichen in den USA und Europa

Anfang der 70iger Jahre des 20. Jahrhunderts stellte der amerikanische Philosophieprofessor Matthew Lipman fest, dass seine Studierenden zwar über ein inhaltliches Faktenwissen verfügten, das Philosophieren als Tätigkeit wurde aber seiner Ansicht nach viel zu wenig durchgeführt.[126] Durch John Locke inspiriert kam Lipman auf die Idee, mit der gezielten Förderung des Nachdenkens schon bei Kindern und Jugendlichen zu beginnen: an Hand von selbstverfassten Geschichten sollten Kinder und Jugendliche besser Argumentieren/Reflektieren lernen. Sein Ansatz ist von der Grundhaltung her ein Anleitender, während der Ansatz eines weiteren wichtigen amerikanischen Vertreters der Kinderphilosophie, Gareth B. Matthews, sich in einem weitgehend freien Gesprächsverlauf äußert.[127]

In Deutschland griffen u.a. der Philosophiedidaktiker Ekkehard Martens und seine Schülerin Barbara Brüning die Idee des Philosophierens mit Kindern und Jugendlichen auf. Es geht dabei nach Brüning nicht um die Ausübung von Fachphilosophie, sondern vielmehr sollen allgemein menschliche Fragestellungen durch das Philosophieren als Tätigkeit behandelt werden: das (kindliche) Staunen, Fragen, Zweifeln und Betroffensein sind dabei wichtige Antriebselemente.[128] Für die Schweizer Pädagogin und Religionswissenschaftlerin Eva Zoller bedeutet ein philosophischer Zugang zu religiösen Fragen einen Versuch, mehr darüber zu erfahren, mehr dazu zu bedenken, mehr davon zu verstehen. Die vermehrte Besinnung auf den eigenen, persönlichen Bezug zum Göttlichen ist ihr ein zentrales Anliegen, im Gegensatz zur fraglosen Übernahme von Vorgegebenem.[129]

In Österreich existiert seit 1985 das Institut für Kinderphilosophie in Graz unter der Leitung von Daniela Camhy, die sich auch für eine empirisch-forschende Untermauerung des Konzepts Philosophieren mit Kindern einsetzt.[130] Camhy leitete 1998/1999 ein Forschungsprojekt in der Steiermark zum Thema Fremdenfeindlichkeit, bei dem der Einfluss des Philosophierens mit Kindern auf die Kritikfähigkeit, die demokratische Grundeinstellung sowie die Wert- und Einstellungshaltung gegenüber fremden Kulturen von 8- bis 10-jährigen Kindern

---

[126] Brüning, 2001, S. 17.
[127] Vgl. Niewiem, 2001, S.115.
[128] Vgl. Brüning, 2001, S. 9.
[129] Vgl. Zoller, 1991, S.
[130] Vgl. http://www.kinderphilosophie.at/ [Stand: 13.6.08].

untersucht wurde.[131] Im Resümee hält Camhy fest, dass in der Versuchsklasse Köflach zu Beginn des Projekts einem bosnischen Kind gegenüber massive Anfeindungen auftraten, die sich im Laufe des Projektjahres aber merklich verringerten.[132] Zu Ende des Projektes wurden Begegnungen mit fremden Menschen in einer Versuchsklasse wesentlich häufiger als in anderen Kontrollklassen als „normal" empfunden. Camhy wörtlich: *„Da das Philosophieren mit Kindern die Fähigkeit zu Reflexion und kritischem Hinterfragen fördert und das Selbstwertgefühl stärkt, wird verhindert, dass Pauschalierungen, Stereotype und Vorurteile übernommen werden...durch das Philosophieren wird ein Beitrag zu Demokratieverständnis und offenem, toleranten Miteinander geleistet."*[133]

Durch den Einsatz der Methode des Philosophierens mit Kindern und Jugendlichen im islamischen Religionsunterricht kann der Versuch unternommen werden, in diesem Sinne aus muslimischer Perspektive einen Beitrag zur Integration muslimischer Kinder und Jugendlicher zu leisten, der nicht in der völligen Assimilation besteht, sondern aus einem gestärkten Selbstwertgefühl heraus auf der Basis gemeinsamer Werte zu vermehrtem gegenseitigem Verständnis und Respekt führt.

3.1.1 Darstellung bedeutender kinderphilosophischer Ansätze

Michael Niewiem wird als einer der wenigen Spezialisten auf dem Gebiet des Philosophierens mit Kindern und Jugendlichen im deutsprachigen Raum bezeichnet. Er untersuchte dieses Thema sehr kritisch und stellte u.a. einige bedeutende neuere kinderphilosophische Ansätze dar.[134]

Niewiem hält fest, dass der Neuansatz der Kinderphilosophie in den 70'er Jahren in Amerika von Matthew Lipman geprägt wurde. Lipman hatte als Professor bemerkt, dass seine Studenten und Studentinnen Inhalte der Philosophiegeschichte

---

[131] Vgl.
http://archiv.bmbwk.gv.at/forschung/fps/fremdenfeindlichkeit/projekte/Fremdenfeindlichkeit_Pro3899.x ml [Stand: 13.6.08].
[132] Vgl. Camhy, Daniela: Resümee des Forschungsprojektes GZ 27.031/2-VII/97/Entwicklung einer praxisrelevanten Strategie gegen Fremdenfeindlichkeit am Beispiel der Kinderphilosophie, Online im WWW unter URL: http://archiv.bmbwk.gv.at/medienpool/4346/camy.pdf [Stand: 13.6..08], S.2.
[133] Vgl. ebenda.
[134] Vgl. Niewiem, 2001, Vorwort von U. Reitemeyer.

wiedergeben konnten, aber nicht selbständig über den Sinn und Zweck der Welt nachdachten. Deshalb sollte schon in Grundschulen damit begonnen werden, Kinder zur Reflexion anzuregen. Lipman arbeitete an kinderphilosophischen Geschichten, die er zu Beginn der 1970er Jahre auch praktisch erprobte. 1974 erschienen diese Geschichten unter dem Titel *Harry Stottelmeier´s discovery,* acht weitere Kursbände folgten. Lipman gab seinen Lehrstuhl für Logik und Ästhetik an der Columbia University of New York auf und gründete das Institute for the Advancement of Philosophy for Children, kurz IAPC, das inzwischen global tätig ist. Lipman gewann weltweiten Einfluss, in Österreich verfügt er durch Daniela G. Camhy (Österreichisches Institut für Kinderphilosophie) über eine Repräsentantin im deutschsprachigen Raum, sie übersetzte auch Lipmans Werke ins Deutsche.[135]

Gareth B. Matthews, ein Philosophieprofessor an der University of Massachusetts in Amherst (USA) ist vor allem durch sein erstes Buch *Denkproben. Philosophische Gespräche mit jüngeren Kindern* aus dem Jahr 1980 bekannt geworden.

Lipmans Einfluss war zu Beginn der 80`er Jahre in Deutschland sehr stark, wird aber seit den 90`er einerseits durch die Vorstellungen Gareth B. Mattews, und andererseits durch eigene deutsche Ansätze (Ekkehard Martens) ersetzt.[136]

3.1.2 Der sprach-analytische Ansatz Lipmans

Niewiem hält in Bezug auf Lipmans Philosophieverständnis fest, dass er nicht Philosophie in Form einer Fachphilosophie meine, sondern Philosophie im Sinne eines Aneignungsprozesses, im Sinne des Philosophierens. Philosophieren lässt sich nicht wie eine Fachwissenschaft vermitteln, durch bloße Übernahme von Wissen, sondern Lipman strebe eine Förderung der Denkfähigkeit der Schüler an. Diese Denkfähigkeit sei grundlegend für alle anderen Fächer. Eine wesentliche Methode, den Prozess der Förderung der Denkfähigkeit einzuleiten, sei für Lipman das Erzählen/Lesen von Geschichten (*story telling*). Die von ihm verwendeten Geschichten (*novels*) sind keine reinen Erzählungen, sondern vor allem Geschichten, in denen Dialoge zentral für die jeweiligen Handlungen sind. Durch das Lesen der

---

[135] Vgl. Schwarz, Elisabeth: Philosophieren mit Kindern – ein sinnvoller didaktischer Ansatz in der Schule? Online im WWW unter URL: http://www.erpa.at/download/Kinderphil-Einfuehrung2.pdf [Stand 11.6.08].
[136] Vgl. Niewiem, 2001, S. 92ff.

Geschichten werde das Denken gefördert und die Kinder zum Dialog angespornt. Lipman sei der Auffassung, dass zwischen Lesen und Denken eine Wechselwirkung bestehe.[137]

Er entwarf ein philosophisches Curriculum, das er Philosophy for Children, Philosophie für Kinder, nannte. Es werden Philosophiekurse für jede Altersstufe, vom Kindergartenkind bis hin zum Erwachsenen, angeboten. Jeder Kurs hat dieselbe Form: Ein Lesebuch (*„novel"*) von ungefähr 100-150 Seiten, und eine Lehrer-Anleitung (*„instructional manual"*), die immer umfangreicher als das Lesebuch ist.[138]

Die bekanntesten Grundschul-Geschichten, die auch im deutschsprachigen Raum erschienen, sind "Kio und Gus", sowie "Pixie". In "Kio und Gus" geht es um die Geschichte eines blinden Mädchens, das einmal die Walfische sehen möchte. Pixie ist ein achtjähriges Mädchen, das darüber nachdenkt, wo seine besonderen Eigenschaften liegen.[139]

Nach Niewiem geht es Lipman im gemeinsamen Gespräch vor allem um die Einübung einer Methode, es sollen Argumentationsschritte gelernt werden. Der Dialog ist dadurch zielgerichtet, der Lehrer soll den Schüler wieder in die Bahn zurückbringen, wenn er zu weit vom Ziel abdriftet. Niewiem stuft Lipman daher nicht als einen Gefolgsmann des Philosophierens mit Kindern ein, sondern als Gefolgsmann einer Philosophie für Kinder von oben (Lehrersicht) nach unten (Kindersicht).[140]

3.1.3 Der Ansatz Gareth B. Matthews

Matthews betont - so Niewiem[141] - wie kein anderer die Gleichberechtigung von Kindern und Erwachsenen im gemeinsamen philosophischen Gespräch und versucht diesen Anspruch auch methodisch umzusetzen. Matthews versuche immer wieder, Parallelen zwischen kindlichen Äußerungen und philosophischen Theorien aufzuzeigen. Er unterscheide aber zwischen vorphilosophischen und philosophischen Begebenheiten:

- Einem Gespräch muss ein philosophisches Problem zugrunde liegen. (Alle Probleme, die von Kindern aufgeworfen werden und sich in philosophischen

---

[137] Vgl. ebenda, S. 95ff.
[138] Vgl. ebenda, S. 99.
[139] Vgl. Brüning, 2001, S. 17.
[140] Vgl. Niewiem, 2001, S. 101f.
[141] Vgl. ebenda, S. 103.

Texten wieder finden lassen, werden von Matthews als philosophische Probleme angesehen.) Weiters muss sich ein Ansatz der Lösung des philosophischen Problems erkennen lassen.

- Vorphilosophisch ist laut Matthews ein Gespräch, wenn in ihm mit Begriffen gespielt wird, aus denen Philosophie erwächst.

Im Hinblick auf die philosophische Begegnung zwischen Kindern und Erwachsenen gebe es die Chance auf eine ganz besondere Beziehung. Der Erwachsene sei einerseits in seinen philosophischen Fähigkeiten auch noch ein Mängelwesen, andererseits beherrsche er die Sprache und somit sprachgebundene Begriffe besser als das Kind. Das Kind dagegen habe einen ungetrübten Blick, Ehrlichkeit und Spontanität, alles Eigenschaften, die Erwachsene schon weitgehend verloren haben. Daraus kann die philosophische Begegnung zwischen Kindern und Erwachsenen zu einem richtigen „Joint Venture" werden, was sonst zwischen Erwachsenen und Kindern eher selten vorkomme.[142] Zum methodischen Vorgehen im Hinblick auf die philosophischen Gespräche Matthews erläutert Niewiem:

1. Ansatzpunkt für das gemeinsame Gespräch ist eine Geschichte, in deren Zentrum ein philosophisches Problem steht, welches aber innerhalb der Geschichte nicht gelöst wird.

2. Nach dem Vorlesen der Geschichte kommt es zu einer Diskussion, in der versucht wird, das philosophische Problem zu erkennen und zu lösen.

3. Die gesammelten Ideen und Ergebnisse werden vom Gesprächsleiter zusammengetragen und schriftlich fixiert (Matthews benutzte zur Aufzeichnung einen Kasettenrecorder). Diese Fortsetzung der Geschichte wird den anderen Gesprächsteilnehmern vorgetragen, die das erarbeitete Ergebnis akzeptieren können oder

4. aufgrund neuer Probleme, die sie in der Zwischenzeit erkannt zu haben glauben, das Gespräch neu entfachen.[143]

Matthews gibt laut Niewiem durch seine Geschichten zwar die Themen für die jeweilige Diskussionsstunde vor, aber er gibt mit seinen Darstellungen nie ein Ergebnis vor. Laut Niewiem unterscheidet er sich hierin von Lipman, dessen Geschichten eine klare Zielsetzung aufweisen. Diesen Unterschied interpretiert Niewiem dahingehend, dass bei Matthews durch die Ziellosigkeit des Ausgangs die

---

[142] Vgl. ebenda, S. 104.
[143] Ebenda, S. 106fff.

Gleichberechtung tatsächlich vorliegt. Lipman hingegen plädiere zwar für selbständiges Denken, gibt dem Denken dann aber doch wieder eine Zielrichtung vor. Während bei Lipman ein eindeutiges Verhältnis von „oben nach unten" zu erkennen ist, bei dem der eine einen Wissensvorsprung vor dem anderen hat, spielt bei Matthews der Wissensvorsprung der Erwachsenen nur eine untergeordnete Rolle. So stehen Spontanität, Phantasie und Ideenreichtum der Rationalität und dem Wissen Erwachsener gegenüber, deren Zusammenspiel Matthews als eine Bereicherung ansieht. Das Wissen der Erwachsenen scheint aus der Perspektive Matthews etwas Relatives zu sein.[144]

Matthews verwendete selbst geschriebene Geschichten, Texte von Philosophen oder konventionelle Kindergeschichten, mit philosophischem Hintersinn. Er philosophierte nicht nur mit Schulklassen, sondern auch mit seinen eigenen Kindern. Ausgangspunkt für die Gespräche mit Schulklassen waren Geschichten, für die Gespräche mit seinen Kindern waren es meist konkrete Fragen oder Probleme der Kinder. Matthews möchte aber nicht, dass seine methodischen Hinweise überbewertet werden. Es geht ihm vor allem darum zu zeigen, dass Kinder uns Erwachsenen helfen können, über interessante und wichtige Fragen analytisch zu reflektieren. Beiträge von Kindern können seiner Ansicht nach ebenso wertvoll sein wie die von Erwachsenen.

Matthews nimmt im Gegensatz zu Lipman in seinen Büchern Stellung zum Aspekt der Entwicklungspsychologie, vor allem zu den Auffassungen Piagets. Er wirft Piaget aber vor, kindliche Aussagen unterzubewerten, seine Experimente würden den Aspekt der kindlich-philosophischen Reflexion ausblenden.[145]

---

[144] Vgl. ebenda, S. 110f.
[145] Vgl. ebenda, S. 112f.

Unterschiede in den Ansätzen Matthew Lipmans und Gareth B. Matthews [146]

Gareth B. Matthews (Haltungstheorie)	Matthew Lipman (Vermittlungstheorie)
• Philosophieren ist eine natürliche Fähigkeit und ein Bedürfnis der Kinder	• Philosophieren ist keine natürliche Fähigkeit, sondern eine zu erlernende Technik
• Kinder sind von sich aus motiviert	• Kinder bedürfen der Motivation
• Gleichstellung von Kindern und Erwachsenen im philosophischen Gespräch	• Kinder werden angeleitet
• Gespräche sind nicht zielgerichtet →Offenheit des Diskussionsverlaufes und des Ergebnisses	• An die Gesprächsziele ist immer ein übergeordnetes Lehrziel geknüpft →feststehender Diskussionsverlauf und Zielvorstellungen

3.1.4 Der rationalistische Ansatz Ekkehard Martens

Niewiem hält fest, dass Ekkehard Martens vor allem Philosophie-Didaktiker sei. 1979 erschien seine erste und bedeutendste Abhandlung *Dialogisch-pragmatische Philosophiedidaktik* (Hannover, Dortmund, Darmstadt, Berlin 1979). Diese Abhandlung war eine überarbeitete Fassung seiner Habilitationsschrift, die bereits zwei Jahre vorher vom Fachbereich Erziehungswissenschaft der Universität Hamburg angenommen wurde. Martens Didaktik bezieht sich auf den schulischen Rahmen. Nach Martens könne es nur einen normativen Konsens über das geben, was als Philosophie zu bezeichnen sei. Eine Definition von Philosophie enthält eine Entscheidung, was Philosophie sein solle, und verlange keinen faktischen, sondern einen normativen Konsens. Philosophie sei seit ihrem Beginn bei den Griechen:

- die Methode des kritischen Prüfens (die kindlichen Warum-Fragen)
- die Haltung des offenen Weiterfragens (die kindliche Neugier) und
- der Inhalt der im Alltag und in der Wissenschaft sonst nicht problematisierten grundsätzlichen Fragen (die naiven Kinderfragen).

Weiters beschreibt Martens die Aspekte Inhalt, Haltung und Methode:

Philosophie umfasst als *Inhalt* die Fülle möglicher Deutungen von Dingen, Handlungen und von uns selbst. Als *Haltung* ist sie das ständige Weiterdenken im

---

[146] Vgl. ebenda, S.115.

Sinne eines Deutens von Deutung. Als *Methode* enthält sie die begrifflich-argumentative Analyse.[147]

Für Martens steht nach Niewiem der Dialog immer noch im Mittelpunkt des philosophischen miteinander Umgehens. Von Bedeutung ist für ihn aber nicht mehr nur der Dialog zwischen real existierenden Menschen, sondern auch die Auseinandersetzung des einzelnen Individuums mit Texten. Man solle dabei versuchen, mit dem Autor eines Textes wie mit einem Gesprächspartner umzugehen. Dabei werden die aufgestellten Behauptungen überprüft, inwiefern sie für das eigene Fragen wichtig und ob sie richtig sind. [148]

Konstitutives Merkmal von Martens Philosophie-Didaktik ist nach Niewiem die Maieutik des Sokrates. Wesentliches Merkmal dieser antiken Kunst sei das Infragestellen des als faktisch Angesehenen, was sich bei Sokrates in seiner Beteuerung des Nichtwissens ausdrücke. Sokrates fordert durch seine Dialogkunst dazu auf, sich über das eigene Denken und Handeln Rechenschaft abzulegen.[149]

Das dialogische Prinzip soll nach Martens als Einheit von drei dialogischen Momenten praktiziert werden:

- als offenes Unterrichtsgespräch zur Klärung der eigenen Interessen und Vormeinungen,
- als Hinzuziehen von Dialogpartnern durch Zuhören bzw. Lesen von Texten,
- und schließlich als Realisierung des dabei erhaltenen Dialogangebots durch Rückfragen, Reformulierung und Problematisieren.

Dieser Dreierschritt, eine dialektische Spiralbewegung, ist prinzipiell unabgeschlossen und hat keinen fixierbaren Anfang und Abschluss, sondern ist situativ verschieden anzusetzen. So kann durch Zuhören oder Lesen eines Textes das eigene Denken angeregt werden und ein offenes Unterrichtsgespräch erst am Ende stehen oder phasenweise auch ganz ausbleiben. Umgekehrt kann man gelegentlich auch auf Texte verzichten, oder sie nur zur Informationsvermittlung, nicht als Dialogangebot, benutzen.

---

[147] Vgl. ebenda, S. 116f.
[148] Vgl. ebenda, S. 118.
[149] Vgl. ebenda, S. 120.

Philosophische Reflexion ist nach Martens Ausdruck und Erfahrung von Freiheit. Zum Gebrauch seiner Freiheit als Bereicherung des eigenen Lebens kann zwar niemand gezwungen werden, sie ist aber ebenso wenig einem auserwählten Kreis von Menschen vorbehalten und beispielsweise Kindern vorenthalten.[150]

3.1.5 Barbara Brüning: Philosophieren mit Kindern und Jugendlichen in der Schule

Barbara Brüning hat sich in ihren Büchern *„Philosophieren in der Grundschule"* und *„Philosophieren in der Sekundarstufe"* ausführlich mit der möglichen Umsetzung des Themas im schulischen Bereich beschäftigt und viele grundlegende Überlegungen, Methoden und Anregungen geliefert. Eine vorläufige Definition von Philosophie könnte nach Brüning sein: *„Philosophie systematisiert das gesammelte Wissen über fundamentale Probleme menschlicher Existenz."[151]* Beim Philosophieren mit Kindern gehe es also darum, dass wichtige Sinnfragen menschlicher Existenz berührt werden. *Wesentliche Elemente* sind hierbei nach Brüning schon seit der Antike das Staunen, das Fragen, das Nachdenken, das Zweifeln, das Weiterdenken und Infragestellen.

Das **Staunen** stehe am Beginn jedes Philosophierens: die Dinge nicht einfach selbstverständlich hinnehmen, sondern sich Gedanken darüber machen, warum etwas genau so ist und nicht anders. Schon die antiken Philosophen Platon (427-347 v. Chr.) und Aristoteles (384-322 v. Chr.) hätten die Fähigkeit des Staunens gewürdigt und darin den Ursprung des Philosophierens gesehen. Scheinbar Selbstverständliches wird als ungewöhnlich eingeschätzt. z.B. Alle Menschen müssen sterben, aber warum eigentlich? Aus dem Staunen erwächst dann nach Platon und Aristoteles das **Fragen**: wir wollen etwas wissen, das Warum und Wieso einer Sache. Dass besonders Kinder über eine natürliche Wissbegierde verfügen, solle nach dem englischen Philosophen John Locke von den Eltern besonders gefördert werden. Dies, damit ein Kennenlernen der Welt und ein Interesse an ihr stets wachgehalten werden. Hat man dann Fragen über Gott und die Welt gestellt, dann möchte man auch Antworten finden, was den Beginn des **Nachdenkens**

---

[150] Vgl. ebenda, S121f.
[151] Brüning, 2001, S. 9.

darstellt. Nachdenken, so Brüning, umfasse sowohl eigenes Nachdenken als auch das gemeinsame Nachdenken in einer Dialoggemeinschaft. *Nachdenken über fundamentale Lebensprobleme umfasse das (Er)klären, das Begründen und den Widerstreit der Meinungen (im sokratischen Gespräch).* Brüning gibt eine praktisches Bespiel: Wenn ich z. B. die Frage beantworten möchte, ob auch andere Lebewesen, und nicht nur der Mensch, glücklich sein können, dann muss ich zuerst darüber nachdenken, was Glück bzw. glücklich sein bedeutet. Die Antwort auf die Frage sei die These des Urteils, wobei die These (Antwort) begründet werden müsse. Es komme darauf an, einen möglichst überzeugenden Grund zu finden. Natürlich können mehrere Antworten gefunden werden, es müsse dann überprüft werden, welche Gründe überzeugend seien. Diese Prüfung könne entweder von einem einzelnen Menschen geleistet werden, oder aber in einer Dialoggemeinschaft. Stehen mehrere begründete Meinungen nebeneinander, kommt es zu einem Dissens. Die Einigung auf eine Antwort sei der Konsens der Diskussion.[152]

Brüning führt ihren Gedankengang weiter aus und stellt fest, dass nach einer gefundenen Antwort oder mehreren Antworten dieselben wieder in Frage gestellt werden können. Ist das, was ich erkannt habe, auch wirklich zutreffend? Brüning weist auf den französischen Philosophen Rene Descartes (1595-1650) hin, der als erster Philosoph die Methode des **Zweifelns** als wichtiges philosophisches Prinzip formuliert habe. Nach Brüning bedeutet das Zweifeln, dass jemand eine gefundene Antwort auf eine Frage als vorläufig ansehe und auch in Betracht ziehe, dass das Gegenteil möglich sein könne. Dadurch, so Brüning, müsse der Reflexionsprozess aber nicht abgeschlossen sein. Durch den Zweifel könne ein **Weiterdenken** einer bereits beantworteten Frage initiiert werden, möglicherweise werden neue Aspekte entdeckt, die eine bereits gefundene Antwort stützen oder erweitern. Das Nachdenken über philosophische Fragen könne somit zu Zweifeln führen, es wird weiter nachgedacht und man kommt möglicherweise dazu, die bisherige Meinung zu korrigieren, es kommt also zu einem nochmaligen **Infragestellen**.[153]

Der methodische Zweifel spielte nach dem ägyptischen Philosophieprofessor Mahmoud Zakzouk auch bei Abu Hamid al-Ghazali (gest. 1111, siehe Punkt 2.5.2)

---

[152] Vgl. ebenda, S. 9f.
[153] Vgl. Brüning, 2001, S.12f.

eine bedeutende Rolle.[154] Mahmoud Zakzouk ist als ägyptischer Minister für religiöse Angelegenheiten die Nummer zwei in der religiösen Hierarchie Ägyptens nach dem Scheich von Al-Azhar Dr. Muhammad Sayyid Tantawi.[155] Zakzouk, der seit 1968 auch Professor für Philosophie an der Al-Azhar und Mitglied der Europäischen Akademie der Wissenschaften und Künste[156] ist, schreibt über die Funktion des Zweifels bei Ghazali, der häufig als einer der bedeutendsten muslimischen Denker bezeichnet wird: *„Der Zweifel an jeglichem bloß übernommenen Wissensgut ist nach Ghazalis Überzeugung ein notwendiges Moment innerhalb der geistigen Entwicklung überhaupt, denn nur der Zweifel, so lehrt er, ermöglicht das Denken und die Erlangung der Wahrheit. „(...) die Zweifel leiten zur Wahrheit", sagt er. „Derjenige, der nicht zweifelt, denkt nicht, und wer nicht denkt, sieht nicht, und wer nicht sieht, bleibt in der Blindheit und im Irrtum." [157]*

Zakzouk weist an anderer Stelle auf die souveräne Rolle der Vernunft in Ghazalis Denken hin, der philosophische Zweifel ist dabei ein methodisches Instrument, um zu einer vertieften Selbsterkenntnis zu gelangen: *„Bei seinem philosophischen Grundansatz geht Ghazali nicht von einer als selbstverständlich angesehenen Annahme Gottes aus, sondern den Ausgangspunkt bildet allein der Denkende selbst, der in seiner Suche nach absolut gewisser Wahrheit mit Hilfe der Methode des philosophischen Zweifels durch eine vertiefte Selbsterkenntnis hindurch bis zu der evident intuierten (d.h. von Gott geschenkten) Gotteserkenntnis vorstößt."[158]*

Nach dieser Sichtweise kann es ohne Selbsterkenntnis keine Gotteserkenntnis geben, Selbsterkenntnis braucht wiederum das Hinterfragen und in Fragestellen: woher komme ich, wo stehe ich, wohin will ich? Die letzte Erkenntnis ist aber am Ende, nach dem Einsatz von Verstand und Vernunft, ein Geschenk Gottes jenseits der Verstandesebene: subjektive Erfahrung. Ghazali wandte sich daher in letzter Konsequenz dem Sufismus zu. Die Vernunft wird auf dem Weg zur Gotteserkenntnis daher eben gerade nicht ausgeschaltet, sondern dient dem Studium der Wissenschaften, der Selbstdisziplin und dem Nachdenken (siehe Punkt 2.5.2)

---

[154] Vgl. Zakzouk, 1992, S. 32f.
[155] Vgl. http://de.wikipedia.org/wiki/Mahmoud_Zakzouk .
[156] Vgl. http://www.european-academy.at/de/index.html .
[157] Zakzouk, 1992, S.32.
[158] Zakouk, 2002, S. 493.

Selbstbeobachtung (Was tue ich?), Selbstbeurteilung (Ist, was ich tue, gut?), Selbstkontrolle, (Warum tue ich es? Lasse ich es oder fahre ich fort?), sind außerdem elementare Bestandteile eines zeitgenössischen Entwurfs der „Islamischen Bildungslehre" von Harun Behr, der seit dem Sommersemester 2006 die Professur für Islamische Religionslehre an der Erziehungswissenschaftlichen Fakultät der Uni Erlangen innehat.[159]

Philosophieren mit Kindern

Wie bereits weiter oben erwähnt, kam das Philosophieren mit Kindern zu Beginn der 80er Jahre nach Europa. Nach Brüning fanden in mehr als 10 Staaten Grundschulprojekte statt, die beispielsweise in Österreich und Spanien nach dem Programm von Lipman durchgeführt wurden. Einerseits kann Philosophieren mit Kindern als eigenes Fach unterrichtet werden, andererseits ist der Einsatz als methodisches Grundprinzip des Unterrichts möglich, wie es auch in den Lehrplänen einiger deutscher Bundesländer empfohlen wird. In der Grundschule, so Brüning, gibt es viele Möglichkeiten zu philosophieren, etwa im Deutschunterricht (Hat der Held gerecht gehandelt? Was heißt das überhaupt, gerecht handeln?), oder auch im Religionsunterricht (Wo wohnt Gott? Wozu brauchen wir Engel?). In jedem Fach der Primarstufe gebe es Fragen, Geschichten oder Situationen, die zum Philosophieren einladen würden, weil sie mit wichtigen Sinnfragen menschlichen Lebens zu tun haben. Brüning betont, dass hierbei das eigene Nachdenken der Kinder im Vordergrund stehen solle.[160] Die Methoden und Medien des Philosophierens mit Kindern und Jugendlichen für den Einsatz in der Schule in der Sekundarstufe I und II hat Brüning sehr ausführlich dargestellt, eine Zusammenfassung einiger wesentlicher Punkte folgt in Kapitel 4.1.

3.1.6 Eva Zoller: ein philosophischer Zugang zu religiösen Fragen

Die Schweizer Pädagogin, Philosophin und Religionswissenschaftlerin Eva Zoller hat sich u.a. mit einem philosophischen Zugang zu religiösen Fragen beschäftigt und soll daher an dieser Stelle Erwähnung finden.

---

[159] Vgl. Behr, 1998, S. 198.

[160] Vgl. Brüning, 2001, S. 17f.

Auch bei Zoller steht das Staunen, Zweifeln, den Dingen neugierig auf den Grund gehen wie bei Brüning in unmittelbarem Zusammenhang mit dem Philosophieren. Kleinere und größere Kinder haben das Staunen und Fragen noch nicht verlernt und wollen wissen, warum, wozu und ob überhaupt etwas Bestimmtes getan werden soll/kann/darf/muss.[161] Philosophieren ist nach Zoller die Kunst, im richtigen Moment die richtige Frage zu stellen. Sie bezieht sich hierbei auf Sokrates, der sein Philosophieren „Hebammenkunst" nannte. Sokrates´ Mutter war Hebamme und so wusste er, was es bedeutete, etwas Lebendiges gebären zu helfen. Sokrates stellte geschickte Fragen an seine Mitbürger, brachte sie dadurch zum Nachdenken und dazu, eigene Weisheiten zu entdecken. Zoller hält fest, dass man durch Kinderfragen immer wieder herausgefordert wird, sich ernsthaft mit den Dingen auseinanderzusetzen. Die Frage, die sich für uns stellt, ist dann: Nehmen wir die Herausforderung an, oder blocken wir mit schnellen Antworten ab, von denen wir selber nicht so recht überzeugt sind? Für Zoller bedeutet ein Philosophieren mit Kindern auch ein sich Einlassen auf noch ungelöste Fragen bzw. ein Hinterfragen von scheinbaren Selbstverständlichkeiten. Philosophieren heiße auch, nach Erkenntnis zu suchen. Wer erkennen will, so Zoller, der müsse zuerst einmal seine Augen (und die ganze Wahrnehmungsfähigkeit) aufmerksam einsetzen. Sodann brauche es den Verstand und den Mut, ihn auch zu benützen, selbst wenn das manchmal unbequem wäre (Sokrates wurde schließlich zum Tode verurteilt). Einerseits solle das Philosophieren mit Kindern den Beteiligten Freude machen, andererseits erziehe man sie dadurch zu differenziert und selbständig denkenden Menschen, die verantwortungsbewusst und mutig zu handeln wissen. [162]

Für Zoller ist das Philosophieren an sich im Wesentlichen eine zutiefst menschliche Angelegenheit. Der Mensch kann über sich selbst und Dinge, Ereignisse nachdenken und sprechen. Im Gegensatz zu den Tieren können Menschen ihr Leben bewusst erleben und darüber reflektieren. Es geschieht nicht einfach nur, sondern wir können unser Leben führen. Aus der in allen Menschen angelegten geistigen Freiheit entwickle sich allmählich ein Bewusstsein: Das Selbst-Bewusstsein entsteht durch das Wissen um mich selber. Weil ich mich und mein Handeln zum Gegenstand meines Denkens machen kann, bin ich auch verantwortlich für mein

---

[161] Vgl. Zoller, 1995, S. 5.
[162] Vgl. ebenda, S. 10ff.

Leben. Philosophieren mit Kindern und Jugendlichen bedeutet dann nach Zoller wörtlich: *„Wenn wir mit Kindern und Jugendlichen philosophieren, begleiten wir sie auf diesem Weg der Selbst- und Bewusstwerdung. Wir unterstützen sie dabei, wenn sie ihre eigenen Fähigkeiten und Möglichkeiten zu erkennen beginnen, und wir stehen ihnen zur Seite als Mitmenschen, welche denselben Prozess auch für sich selbst immer wieder anstreben.“*[163]

Beim **Philosophieren als pädagogische Haltung** geht es nach Zoller darum, Kinder mit ihren Fragen- und Erkenntnisbemühungen ernst zu nehmen, sie mit ihren eigenen Ansichten und Meinungen als gleichwertige (nicht: gleiche!) Partner/innen zu akzeptieren. Den Kindern solle viel zugetraut und dadurch Mut gemacht werden, eigene Wege zu gehen. Es gehe nicht darum, sie einfach machen zu lassen, „was sie wollen“, sondern darum, dass sie herausfinden können, was für sie das Richtige ist. Meinungsverschiedenheiten sollen durch eine gewaltfreie, argumentative Auseinandersetzung gelöst werden.[164]

Der philosophische Zugang zu religiösen Fragen
Eva Zoller geht auch insbesondere auf religiöse Fragestellungen ein, die Kinder aufwerfen können, beispielsweise: Wohnt der liebe Gott im Himmel? Wenn das Meerschweinchen stirbt, kommt es dann auch in den Himmel? Was hat Gott gemacht, bevor er die Welt erfunden hat? Warum hat er die lästigen Mücken gemacht? Wie kann er mich beten hören? Wenn Gott alles sieht, warum hilft er nicht den hungernden Kindern? Zoller hält fest, dass alle Religionen sich auf ihre Art mit dem Göttlichen befassen würden, dem geheimnisvollen Großen, das alles Menschliche übersteige, und alle Religionen versuchen dem Menschen seine Lebens-Situation und seinen Bezug zum Göttlichen aufzuzeigen. In den Mythen (bildhafte Wahrheit) deuten sie die Entstehung der Welt und der Menschen, erklären sie die Beziehung der Menschen zum Göttlichen (religio - Rückbindung), und sie machen Angaben über das richtige Verhalten (Ethik und Kult). Religionen haben - oder sind – nach Zoller Antworten auf die immerwährenden Fragen nach dem Woher und Wohin der Welt und des Menschen, nach Sinn und Bedeutung von Leben und Sterben, nach dem Göttlichen und unserer Beziehung zu ihm.

---

[163] Ebenda, S. 116f.
[164] Ebenda.

Zoller hält weiters fest, dass wenn Menschen auf diese Antworten vertrauen, sie dann von Glauben sprechen würden. Manche würden das auch als eine Art von Wissen bezeichnen, das mit der Gewissheit verwandt ist. Zoller betont, dass es leider auch immer wieder Menschen gab, die zwischen Glaubensangelegenheiten und beweisbaren Tatsachen nicht unterscheiden konnten. Daher hielten sie ihren Glauben für alle gleichermaßen gültig, was in der Geschichte leider zu vielen Gräueltaten führte. Zoller stellt die Frage, wie man das vermeiden könne, und zitiert Immanuel Kant. Kant schrieb in seiner *„Kritik der reinen Vernunft"*, dass man das Wissen aufheben müsse, um zum Glauben Platz zu bekommen. Zoller erklärt, dass er damit jene Grenze deutlich machte, die bei Missachtung zu Religionskriegen führen könne: die Grenze zwischen allgemeingültiger, beweisbarer Erkenntnis und der individuellen Glaubensgewissheit. Das „Wissen aufheben" hat damit nach Zoller eine doppelte Wortbedeutung erhalten: 1. dem Wissen seinen Platz (auf)bewahren und damit seinen Wert heben, und 2. Das Wissen beiseite legen, damit der Glaube Platz bekommt. Wissens und Glaubensbereich müssen sich nach Zoller keine Konkurrenz machen, beide Bereiche können wichtig und ernst genommen werden. Unwissentliches oder absichtliches Vermischen der beiden könne zu Fanatismus und Intoleranz führen. Mit Kindern Philosophieren bedeute auch, bisher Geglaubtes zu hinterfragen, um es zusammen mit dem Kind nochmals neu zu überdenken. Insofern heiße Philosophieren, selbst auf die Suche zu gehen.[165]

Zoller betont, dass ein Philosophieren mit Kindern über religiöse Themen einen Versuch darstelle, mehr darüber zu erfahren, mehr dazu zu bedenken, mehr davon zu verstehen. Das Ziel wäre dabei: Vertrauen in eine umfassende Ordnung zu gewinnen.[166] Zoller erklärt dann an Hand eines Beispiels, wie das in der Praxis gemeint ist. Auf die Frage des Kindes: *Wo wohnt der liebe Gott?* sollen eigene Gedanken und Gefühle zu der Frage ins Bewusstsein geholt werden:

Wie denke ich eigentlich darüber? „Wohnt" Gott überhaupt? Wer oder was ist denn das, was ich mit „Gott" zu bezeichnen pflege? Stelle ich mir den alten Mann mit Bart

---

[165] Vgl. ebenda, S. 102ff.
[166] Vgl. ebenda, S. 107.

vor, der auf seinem himmlischen Thron sitzt, oder was sonst? Ist es wirklich ein „Er"? Was bedeutet „er" mir? Wie erfahre ich „ihn"?

Die eigene Gotteserfahrung solle dabei im Mittelpunkt stehen und den Kindern möglichst authentisch mitgeteilt werden. Es habe keinen Sinn, den Kindern etwas vorzumachen: was nicht echt ist, hält der kindlichen Überprüfung nicht stand und wird dann auch nicht angenommen. Es geht nach Zoller darum, herauszufinden, was die eigenen religiösen Empfindungen seien, wie es um die ureigene Religiosität bestellt sei, und zwar möglichst unabhängig von dem, was man darüber einmal gelernt habe. Die Tatsache, dass alle Völker der Erde neben der weltlichen Kultur auch ein religiöses Leben entfaltet haben, lässt nach Zoller den Schluss zu, dass die Religion etwas zutiefst Wichtiges für unser menschliches Dasein bedeutet. Die Art der Religiosität aber war und ist sehr unterschiedlich. Die Frage nach dem letzten Sinn: *Warum, wozu leben wir überhaupt?* werde gerade in der Pubertät besonders aktuell.[167] Die Identitäts- und Sinnsuche sei aber wohl eine lebenslange Aufgabe, diese Suche könne unterstützt werden, indem die Kinder immer wieder dazu aufgefordert werden, zu erspüren, was zu ihnen passe, was für sie „stimme". In der Auseinandersetzung mit anderen Identitäten, mit dem Fremden überhaupt sei es wichtig, Ähnlichkeiten und Unterschiede bewusst werden zu lassen.[168]

Philosophische Grundtechniken

Zoller bezeichnet das nicht-wertende Vergleichen, mit dem Unterschiede und Ähnlichkeiten herausgearbeitet werden, als die grundlegendste dieser Techniken. Das nicht-wertende Vergleichen kann sich auf innere oder äußere Wahrnehmung beziehen, Begriffe, Gottesbilder... Mit dieser Technik solle die genauere und differenziertere Wahrnehmung geübt werden, sowie kritisches Denken, bewussteres Entscheiden und variantenreicheres Handeln.[169] Das nicht-wertende Vergleichen werde für drei Grundmuster des Philosophierens gebraucht:

- In Frage stellen, weiterfragen
- Begriffe klären und erklären
- Begründen und argumentieren

---

[167] Vgl. ebenda, S. 109ff.
[168] Vgl. ebenda, S. 96.
[169] Vgl. ebenda, S. 118.

Auch im islamischen Religionsunterricht werden diese Grundmuster zum Einsatz kommen können, denn auch muslimische SchülerInnen hinterfragen ihnen präsentierte Inhalte bzw. fragen weiter, beispielsweise im Fastenmonat Ramadan: Warum sollen wir überhaupt fasten? Um Gott näher zu kommen? Was bringt es uns denn, Gott näher zu kommen? Braucht Gott unser Fasten? Wenn ja, warum? Wenn nein, warum sollen wir dann überhaupt fasten? Ist „um Gott näher zu kommen" der einzige Grund, oder gibt es noch andere Gründe...? Man wird dann als ReligionslehrerIn auch den Begriff „Fasten" definieren müssen, damit klar ist, was im Islam damit gemeint ist, und dies sowohl sprachlich als auch fachspezifisch. Schließlich bleibt noch immer ein subjektiver Aspekt bestehen, der mit den SchülerInnen reflektiert werden kann: Was bedeutet denn das „Fasten" für mich? Will ich überhaupt fasten? Was ist für mich am schwierigsten daran? In der Gruppe können dann verschiedene Standpunkte diskutiert, ausgetauscht und verglichen werden, was zeigt: nicht für alle in der Gruppe bedeutet das Fasten dasselbe - religiöse Erfahrung ist eben vielfältig... Rüstü Aslandur, Vorsitzender des Dachverbandes Islamischer Vereine Karlsruhe und Mitbegründer des deutschsprachigen Muslimkreises Karlsruhe[170], hat hier 25 Fragen zum Thema Fasten im Ramadan sehr anschaulich zusammengestellt, die in der Oberstufe gut als Unterrichtsmaterial Verwendung finden können. [171] Für die Unterstufe empfiehlt sich die Publikation „Ramadan/Monat des Korans/Erleben und Feiern" von Anette und Adnan Aslan, in der sich einige Texte für die jüngeren Schülerinnen finden, die auch zum Philosophieren einladen.[172]

3.2 Psychologische Aspekte

Nach Eva Zoller ist das Philosophieren, wie weiter oben festgehalten, eine zutiefst menschliche Angelegenheit, ein Nachdenken über wesentliche Fragen und ein denkerisches Bemühen, sich in der Welt zurechtzufinden. Sind Kinder dazu vom entwicklungspsychologischen Standpunkt aus gesehen tatsächlich schon in der Lage? Zoller hat sich 1987 in ihrer Lizentatsarbeit *Philosophieren Lernen und Lehren* u.a. mit dieser Problematik beschäftigt, wobei der Genfer Psychologe Jean Piaget erwähnt wird. Für die Vertreter des Philosophierens mit Kindern war es nach Zoller

---

[170] Vgl. http://www.ka-news.de/profil/index.php4?show=175 [Stand : 18.10.08].
[171] Vgl. http://www.al-sakina.de/inhalt/bibliothek/25fragen_fasten.pdf [Stand : 18.10.08].
[172] Vgl. Aslan, 2006.

schon zum damaligen Zeitpunkt eine reine Erfahrungstatsache, dass Kinder tatsächlich schon philosophieren können, sogar im Volksschulalter.[173] Brüning fand bei Zoller Erwähnung: Brüning hielt es für durchaus möglich, schon bei kleineren Kindern das begründende Denken zu fördern.[174] Matthews warf Piaget schon damals vor, kindliche Aussagen unterzubewerten, seine Experimente würden den Aspekt der kindlich-philosophischen Reflexion ausblenden. Neuere Forschungen zeigen tatsächlich, dass Piaget die kognitiven Fähigkeiten von Kindern unterschätzt hat, in Zimbardo/Gerrigs „Psychologie" wird Piagets Ansatz detaillierter dargestellt.

3.2.1 Piagets Auffassung der kognitiven Entwicklung

Nach Zimbardo/Gerrig hat niemand mehr zu unserem Wissen darüber beigetragen, wie Kinder denken, wie sie schlussfolgern und Probleme lösen, als **Jean Piaget** (1896-1980). Fast 50 Jahre widmete er der Beobachtung der Entwicklung des Denkens bei Kindern. Piagets Erkenntnisse beruhen u. a. darauf, dass er die Entwicklung seiner eigenen Kinder von einem sehr frühen Alter an genau studierte.

Assimilation und Akkommodation

Piaget betrachtete nach Zimbardo/Gerrig die kognitive Entwicklung als Ergebnis des ständigen Wechselspiels von Assimilation und Akkommodation. Die Assimilation bewahrt und erweitert das Bestehende und verbindet so die Gegenwart mit der Vergangenheit, und die Akkommodation entsteht aus Problemen, die die Umwelt stellt, also aus Informationen, die nicht zu dem passen, was man weiß und denkt.

Diese Diskrepanzen zwischen dem, was man sieht und dem, was man denkt, beeinflussen die kognitive Entwicklung ganz wesentlich. Sie zwingen das Kind, angemessenere innere Strukturen und Prozesse zu entwickeln, und ermöglichen dadurch einen kreativen und angemessenen Umgang mit neuen Herausforderungen. Durch diese beiden Prozesse wird das Kind immer weniger von der unmittelbaren Wahrnehmung und immer mehr vom Denken abhängig. Kognitive Entwicklung impliziert deshalb auch den Übergang vom Vertrauen auf den Augenschein zum Vertrauen auf Regeln.

---

[173] Vgl. Zoller, 1987, S. 35f.
[174] Vgl. ebenda, S. 30f.

Beide Formen der Anpassung - Assimilation und Akkommodation - unterliegen einem allgemeinen Entwicklungsprinzip, dem **Äquilibrationsprinzip** (Gleichgewichts-modell). Es beschreibt die Richtung der geistigen Entwicklung und begrenzt das Ausmaß der Veränderung der Strukturen. Nach dem **Äquilibrationsprinzip** ist Entwicklung eine fortlaufende Folge von Gleichgewichts- und Ungleichgewichtszuständen, wobei das Ungleichgewicht vom Gleichgewicht auf einem höheren Niveau abgelöst wird.[175]

Stufen der kognitiven Entwicklung
Piaget unterteilte die kognitive Entwicklung nach Zimbardo/Gerrig in 4 qualitativ verschiedene Stufen. Er glaubte, alle Kinder durchliefen diese Stufen in derselben Reihenfolge, obwohl das Entwicklungstempo unterschiedlich sein könne. Die Stufen nannte er

- die sensomotorische Stufe (Säuglingsalter),
- die Stufe des präoperationalen oder intuitiv-anschaulichen Denkens (Kindergarten- und Vorschulalter),
- die Stufe der konkreten Denkoperationen (Grundschulalter)
- und die Stufe der formalen Denkoperationen (ab dem Jugendalter).

Die sensomotorische Stufe (etwa von der Geburt bis zum Alter von 2 Jahren).
Das Kind erwirbt während der ersten 2 Jahre so viele kognitive Leistungen und Strukturen, dass Piaget die sensomotorische Stufe selbst wiederum in 6 Substufen unterteilte. Es steht fest, dass Kinder dann im Alter von ca. 2 Jahren über eine innere symbolische Repräsentation des Gegenstandes verfügen, die unabhängig von ihrer Wahrnehmung oder ihrer Handlung ist. Ein Kind verfügt dann über das innere Abbild eines Gegenstands, und es kann mit diesem Objekt im Geiste umgehen, ohne dass dieses physisch präsent sein muss.

Die präoperationale Stufe (Stufe des intuitiv-anschaulichen Denkens - ungefähr von 2 bis 7 Jahren).
Kinder treten nach Zimbardo/Gerrig als **naive Realisten** ins Leben. Das heißt, sie glauben, was sie sehen. Beispiel: In einer Untersuchung betrachteten 3-jährige das hintere Körperteil einer Katze, der man eine Hundemaske über den Kopf gestülpt

---

[175] Vgl. Zimbardo-Gerrig, 1999, S. 462f.

hatte. Sie nahmen an, dass die Katze nun zu einem Hund geworden sei. Sechsjährige hingegen glaubten eher, dass eine Katze nicht zu einem Hund werden könne. Das präoperationale Denken ist durch **Zentrierung** charakterisiert - die Aufmerksamkeit richtet sich auf einen einzigen Gegenstand oder ein einzelnes Merkmal. Das Kind kann nicht mehr als einen Wahrnehmungsgesichtspunkt gleichzeitig berücksichtigen. Die Zentrierung ist ein Aspekt des **Egozentrismus**. Egozentrismus meint hier nicht Ichbezogenheit, sondern die Schwierigkeit, sich eine Szene aus der Sicht eines anderen vorzustellen.

Die Stufe der konkreten Denkoperationen (ungefähr von 7-11 Jahren).

Die Umschüttaufgabe demonstriert ein typisches Merkmal des konkret-operationalen Denkens: Wenn die gleiche Menge einer Flüssigkeit, z. B. Limonade, in zwei gleiche Gläser gegossen wird, berichten alle 5, 6 und 7 Jahre alten Kinder, dass beide Gläser gleich viel enthalten. Wird jedoch die Limonade aus einem der beiden Gläser in ein anders geformtes höheres und schmaleres Glas umgegossen, gehen die Meinungen darüber, ob es immer noch gleich viel Limonade ist, auseinander.

Die Fünfjährigen wissen zwar, dass sich im schmalen hohen Glas immer noch dieselbe Limonade befindet. Sie glauben aber, dass es irgendwie mehr geworden sei. Die Sechsjährigen sind sich zwar unsicher, sagen aber auch, in dem hohen Glas sei mehr drin.

Die Siebenjährigen wissen, dass es keinen Unterschied gibt. Die jüngeren Kinder verlassen sich noch auf den Augenschein, die älteren vertrauen jetzt auf eine Regel. Sie berücksichtigen auch zwei Dimensionen, Höhe und Breite. Die jüngeren Kinder hingegen richten sich allein nach der Höhe, einem normalerweise nützlichen Indikator für mehr. Anders gesagt: Die jüngeren Kinder zentrieren die Aufmerksamkeit auf nur eine Dimension der Flüssigkeit, während die konkret-operationalen Kinder ihre Aufmerksamkeit dezentriert (verteilt) haben.

Obwohl die Kinder nun fähig werden, Logik und schlussfolgerndes Denken zum Lösen konkreter Probleme einzusetzen, benutzen sie bei der Konstruktion und Begründung ihrer Schlüsse immer noch Symbole für konkrete Gegenstände und Ereignisse, keine Abstraktionen.

Die Stufe der formalen Operationen (etwa von 11 Jahren an).

Die letzte Stufe der kognitiven Entwicklung nach Piaget, die Stufe der formalen Operationen (Stufe des abstrakten Denkens), unterscheidet sich dadurch von der vorhergehenden, dass logische Operationen nun nicht mehr an konkrete Probleme gebunden sind. Der Heranwachsende ist jetzt fähig, mit **Abstraktionen** umzugehen, hypothetische Fragen zu stellen (Was wäre, wenn jemand Augen am Hinterkopf hätte?) und sich logische Beweise für abstrakte Probleme auszudenken. Die meisten Menschen verfügen von der frühen Adoleszenz (Jugendalter) an über die notwendigen kognitiven Strukturen, die sie brauchen, um von naiven Denkern zu Experten zu werden.[176]

Neuere Ansätze zur kognitiven Entwicklung

Piagets Theorie des dynamischen Wechselspiels von Assimilation und Akkommodation wird nach Zimbardo-Gerrig allgemein als adäquate Beschreibung des Prozesses der geistigen Entwicklung anerkannt. Die Sequenz der 4 globalen Entwicklungsstufen fand auch die Unterstützung anderer Wissenschaftler. Mit seinem Stufenmodell schuf er ein Vorbild für jegliche psychologische Theoriebildung über Entwicklungsprozesse. *Andererseits scheint es, dass Piaget die kognitiven Fähigkeiten von Kindern unterschätzt hat.*[177]

Die Fortschritte des präoperationalen Kindes

Neue Forschungsergebnisse lassen auch Zweifel daran aufkommen, ob Kinder auf der präoperationalen Stufe wirklich egozentrisch denken. Anscheinend können sie durchaus die Perspektive anderer Personen einnehmen, wenn die Aufgabe nur genügend einfach gestaltet wird. Zeigt man ihnen z. B. eine Karte, auf deren einer Seite ein Pferd und auf deren anderer Seite ein Elefant abgebildet ist, so wissen sie sehr wohl, dass die Person, die ihnen gegenüber sitzt, den Elefanten sieht, wenn sie selbst das Pferd vor Augen haben. Auch können Kinder auf dieser Stufe sich auf verschiedene Typen von Zuhörern einstellen. Wenn eine 4jährige einer 2jährigen etwas über ein Spielzeug mitteilt, so benutzt sie kürzere, einfachere Sätze, als wenn sie einem Erwachsenen über dasselbe Spielzeug erzählt.

---

[176] Vgl. ebenda, S. 463fff.
[177] Vgl. ebenda, S. 467.

Kindliche Theorien des Geistes und der Welt

Entgegen Piagets Stufenannahme geht die **neuere Forschung** davon aus, dass sich kognitive Veränderungen nicht umfassend, sondern in einzelnen Bereichen unabhängig voneinander vollziehen. Kinder erwerben zur Interpretation ihrer Erfahrungen elementare Theorien (*foundational theories*) – Rahmen für das anfängliche Verständnis der Welt. Beispielsweise fügen sie ihre Erfahrungen mit geistigen Zuständen und inneren Prozessen zu einer „naiven Psychologie" oder „Theorie des Geistes" (*theory of mind*) zusammen. Dadurch sind Sie Lage, das eigene Denken und die kognitiven Prozesse bei anderen Menschen besser zu verstehen. Obwohl diese frühen bereichsspezifischen Theorien, gemessen an unserem Erwachsenenverständnis, falsch sein mögen, so sind sie doch Ausdruck der enormen Anstrengungen, die schon kleine Kinder unternehmen, um Welt, die sie umgibt, zu verstehen. [178]

Neuere Forschungen zeigen also, dass sogar jüngeren Kindern im Allgemeinen mehr zugetraut wird. Es spricht also auch aus entwicklungspsychologischer Sicht absolut nichts dagegen, mit Kindern und Jugendlichen der Sekundarstufe I und II im Sinne Zollers zu philosophieren.

3.2.2 Interkulturelle Psychologie

Im Zusammenhang mit dem islamischen Religionsunterricht ist auch der interkulturelle Faktor von besonderer Bedeutung. Einerseits treffen innerhalb des Religionsunterrichts muslimische Kinder und Jugendliche unterschiedlichster Herkunft aufeinander, andererseits begegnen sie innerhalb der Schule auch laufend ihren nicht-muslimischen Kolleginnen und Kollegen. Genauso wenig wie es die Muslime als homogene Gruppe gibt, genauso wenig sind die „anderen" eine in sich geschlossene Gruppe. Die Fähigkeit, zu unterscheiden und zu hinterfragen ist für eine Konfliktvorbeugung unerlässlich: Wie meinst Du das jetzt? Wer vorschnell interpretiert und voreilige Schlüsse zieht, kommt leicht in unangenehme Situationen. In der Schule kann hier eingeübt werden, was im Leben draußen nach dem Sozial- und Organisationspsychologen Alexander Thomas durch die Anforderungen der

---

[178] Vgl. ebenda, S. 470f.

Globalisierung zunehmend gefragter wird: interkulturelles Lernen und interkulturelle Handlungskompetenz.[179]

Das Eigenkulturelle, das Fremdkulturelle und das Interkulturelle

Eine Grundvoraussetzung zur Entwicklung von Kompetenzen zur interkulturellen Zusammenarbeit ist nach Thomas ein vertieftes Verständnis für die Dynamik von Determinanten des Eigenen und Fremden in der interkulturellen Überschneidungssituation. Daher nimmt er im Folgenden eine Beschreibung dieser Determinanten vor.

Die eigenkulturelle Thematik

Thomas hält fest, dass uns so, wie wir die Welt wahrnehmen, wie wir sie beurteilen und auch, wie wir die Menschen zu beeinflussen versuchen, es uns als richtig und angemessen erscheint. Eigene Überzeugungen werden generalisiert, auf alle anderen Menschen, denen man begegnet, umgelegt. Andere Formen der Wahrnehmung würden uns als falsch, unrichtig, primitiv…erscheinen. Das Eigene werde nur dann zum Thema, wenn wir Kinder, alte Menschen, Behinderte oder Fremde beobachten, die sich anders verhalten, als wir es gewohnt sind. Thomas resümiert an dieser Stelle, dass es in der interkulturellen Überschneidungssituation jetzt darauf ankomme, die eigenkulturellen Orientierungen des Wahrnehmens, Denkens und Verhaltens zu reflektieren und sie somit als etwas Eigenständiges und Besonderes zu erkennen und anzuerkennen. Dies im Hinblick auf das Verhalten des fremdkulturellen Partners in der besonderen interkulturellen Überschneidungs-situation.[180]

Die fremdkulturelle Thematik

Auch Menschen aus anderen Kulturen empfinden ihre Wahrnehmung und Deutung der Welt als richtig und verbindlich. Auch sie generalisieren ihre Überzeugungen und legen sie auf andere Menschen um. Gemeinsamkeiten und Unterschiede zu anderen Kulturen sollten daher aufgedeckt werden, um anzuerkennen, dass diese anderen Formen durchaus ebenso vernünftig und sinnvoll sein können wie die eigenen

---

[179] Vgl. Thomas, 2005, S. 7.
[180] Vgl. ebenda, S. 34ff.

Formen der Lebensbewältigung. Thomas leitet aus diesen Erkenntnissen eine Abfolge von Einstellungen und Fertigkeiten ab, die es zu entwickeln gilt:

1. Differenzieren zwischen Eigenem und Fremden als etwas Eigenständigem.
2. Verstehen des Eigenen und des Fremden.
3. Tolerieren des Fremden als etwas Eigenständigem.
4. Wertschätzen des Fremdkulturellen als eine kulturspezifische Leistung, die für den Partner in seinem Lebenskontext sinnvoll und angemessen ist und von der sich möglicherweise etwas zur eigenen Lebensbereicherung und Entwicklung übernehmen lässt. [181]

Die interkulturelle Thematik

Diese theoretischen Ausführungen werden erst dann bedeutsam, wenn es darum geht, mit Menschen aus anderen Kulturen zusammenzuarbeiten. Hier genügt es nach Thomas nicht mehr, das Eigene zu reflektieren und das Fremde zur Kenntnis zu nehmen. Vielmehr müssen das Eigene und das Fremde in der Arbeitssituation bei z.B. einem internationalen Arbeitseinsatz aufeinander abgestimmt werden, um eine erfolgreiche Kooperation zustande zu bringen. In der interkulturellen Überschneidungssituation soll nach Thomas folgendes geprüft werden:

1. Übereinstimmung und Differenz des Eigenen und Fremden. Eigenes und Fremdes sind dabei nicht als starr zu sehen, sondern es soll geprüft werden, wie weit eine gegenseitige Anpassung/Abstimmung möglich sein kann. Das verlangt m.E. von beiden Partnern ein gewisses Maß an Flexibilität: wie viel kann ich vom Eigenen ändern (ohne mich selbst völlig aufzugeben) damit der andere sich ernst genommen fühlt? Thomas weist hier auf die positive Möglichkeit der freiwilligen und bereitwilligen Anpassung an das Fremde hin, wenn vom Partner der Nutzen dieser Anpassungsbemühungen verstanden und akzeptiert werden kann.
2. Weiters sollte nach Thomas eine Prüfung der produktiven bzw. destruktiven Konsequenzen der Anpassungs- bzw. Änderungsbemühungen erfolgen.
3. Die Anpassung an das Fremde sowie die Beibehaltung kultureller Eigenständigkeiten können nach Thomas unterschiedlich stark ausgeprägt

---

[181] Ebenda, S. 37.

sein und in verschiedenen Lebens- und Handlungsfeldern nebeneinander existieren.

4. Die wechselseitige Handlungsdynamik kann in kulturellen Überschneidungen zur Entwicklung, zum Ausprobieren und zur Ausgestaltung auf neue, kreative Formen der Lebensgestaltung führen.

Es geht hier nach Thomas im Wesentlichen einerseits um das Erkennen und Ausloten, wie weit Eigenes und Fremdes in Richtung auf das Eigene verändert werden können. Andererseits kommt es durch eine Integration einzelner Elemente beider Orientierungssysteme zu neuen Formen interpersonalen Handelns. Beide Faktoren stellen in kulturellen Überschneidungssituationen ein produktives Entwicklungspotenzial dar. Aus diesen Aspekten ergibt sich die Schlüsselqualifikation „Interkulturelle Handlungskompetenz", welche letztlich das Ziel interkultureller Trainings und interkultureller Ausbildung ist.[182]

Interkulturelles Lernen

Thomas unterscheidet an dieser Stelle verschiedene Reaktionstypen auf Fremdheit: den **Ignoranten**, den **Universalisten**, den **Macher** und den **Potenzierer**. Der **Ignorant** geht davon aus, dass alle so denken müssen, wie er selbst, ansonsten vermutet er bei den anderen Dummheit, Unwillen oder Unfähigkeit. Dummheit erfordert Aufklärung, Unwille bedarf der Motivation und Unfähigkeit braucht Training. Wer sich nach diesen Bemühungen noch immer falsch verhält, kommt als Partner nicht in Betracht. Kulturell bedingte Verhaltensunterschiede werden entweder nicht wahrgenommen, nicht ernst genommen oder verneint. Für den **Universalisten** sind die Menschen auf der ganzen Welt gleich, kulturelle Unterschiede haben keinen Einfluss auf das Managementverhalten. Probleme lassen sich durch Freundlichkeit, Toleranz und Durchsetzungsfähigkeit lösen. Kulturelle Unterschiede werden global gesehen über kurz oder lang sowieso verschwinden. Der **Macher** interessiert sich nicht übermäßig für kulturelle Einflüsse, wichtig ist ihm, dass man klare Ziele hat, die man vermitteln und durchsetzen kann. Wer den eigenen Wettbewerbsvorteil erkennt und auch nutzt, gewinnt – unabhängig von der kulturellen Umgebung. Der **Potenzierer** hat nach Thomas bezüglich des interkulturellen Lernens die erfolgversprechendste Einstellung, bei ihm kann durch das interkulturelle Lernen

---

[182] Ebenda, S. 37 fff.

interkulturelle Handlungskompetenz erlangt werden. Der Potenzierer erkennt an, dass jede Kultur ihre ganz eigene Art des Denkens und Handelns entwickelt hat, ein jeweils kulturspezifisches Orientierungssystem. Dieses System wird von den Mitgliedern der Kultur gelernt und als richtig anerkannt. Nach Thomas muss produktives internationales Management diese *unterschiedlichen Denk- und Handlungsweisen als Potenzial erkennen und ernstnehmen.* Durch eine Abstimmung kultureller Unterschiede können synergetische Effekte erzielt werden, die einen Wettbewerbsvorteil auf dem internationalen Markt bieten. Thomas resümiert, dass interkulturelle Erfahrung gezielte Beratungs- und Trainingsmaßnahmen erfordert, um qualitativ niveauvoll wirksam zu werden.[183]

Interkulturelle Handlungskompetenz

Nach Thomas besteht *interkulturelle Handlungskompetenz in der Fähigkeit, kulturelle Bedingungen und Einflussfaktoren im Wahrnehmen, Urteilen, Empfinden und Handeln bei sich selbst und bei anderen Personen zu erfassen, zu respektieren, zu würdigen und produktiv zu nutzen. Dies geschieht im Sinne einer wechselseitigen Anpassung...*[184] Hierbei kommt es nach Thomas zu einer Kommunikation und Kooperation, die von gegenseitigem Verständnis getragen ist bzw. zu einer für beide Partner optimalen Zielerreichung.

Bezug zu Philosophieren mit Kindern und Jugendlichen:

Wie weiter oben schon festgehalten wurde, bezeichnet Zoller das nicht-wertende Vergleichen, mit dem Unterschiede und Ähnlichkeiten herausgearbeitet werden, als die grundlegendste der philosophischen Techniken. Hierbei soll die Wahrnehmung geschärft werden, was für die interkulturelle Handlungskompetenz ein entscheidender Faktor ist. Philosophieren mit Kindern und Jugendlichen zielt vor allem auch darauf ab, sich seiner selbst bewusster zu werden, das „Eigene" zu erkennen. Die Auseinandersetzung mit den „anderen" erfolgt im sokratischen Gespräch argumentativ. Begriffe werden nicht einfach hingenommen, sondern in der Gemeinschaft geklärt: Dabei wird immer begründet bzw. werden Begründungen eingefordert: Wie meinst Du das? Warum sagst Du das? Für das interkulturelle Lernen ist, wie bei Thomas ersichtlich, die bewusste Wahrnehmung des Eigenen und

---

[183] Vgl. ebenda, S. 72ff.
[184] Ebenda, S. 87.

des Fremden eine wichtige Grundvoraussetzung. Beim Philosophieren kommt es innerhalb der Gruppe zu einem Meinungsaustausch, der nicht immer einen Konsens mit sich bringt: die Kinder lernen auch einen Dissens auszuhalten. Verschiedene Meinungen stehen nebeneinander, und man kann sich trotzdem respektieren. Verschiedene Meinungen können so als Vielfalt erlebt werden, welche die Gruppe insgesamt bereichert. Diese Haltung ermöglicht in der interkulturellen Situation nach Thomas synergetische Effekte, wobei Thomas über die interkulturelle Psychologie im Zusammenhang mit der Arbeitswelt schreibt. Philosophieren mit Kindern und Jugendlichen in der Schule kann das interkulturelle Lernen fördern und so wichtige Grundlagen für eine interkulturelle Handlungskompetenz im „Leben draußen" aufbauen helfen.

4. METHODEN UND MEDIEN DES PHILOSOPHIERENS MIT KINDERN UND JUGENDLICHEN

Barbara Brüning hat die Methoden und Medien des Modells besonders für den schulischen Bereich in ihren Büchern „Philosophieren in der Grundschule" und „Philosophieren in der Sekundarstufe" ausführlichst dargestellt. An dieser Stelle soll daher eine kurze Zusammenfassung nur die wesentlichsten Punkte festhalten.

4.1 Methoden

4.1.1 Begriffsklärung

Beim Philosophieren mit Kindern und Jugendlichen geht es, wie bereits weiter oben erwähnt, um wichtige Sinnfragen menschlicher Existenz, um Themen wie z. B. Liebe, Gerechtigkeit, Glück... deren Bedeutung nicht für alle Menschen gleich ist. Um klar zu stellen, was in einem Gespräch überhaupt gemeint ist, müssen die Begriffe annähernd geklärt werden. Dadurch soll den jungen Menschen beim Philosophieren verdeutlicht werden, dass Begriffe keine starr festgelegten unveränderlichen Inhalte haben, sondern handlungs- und kontextabhängig sind.

Ein sehr bekanntes Verfahren ist die Suche nach wesentlichen Merkmalen eines Begriffs, nach verwandten Begriffen. Verwandte Begriffe werden anhand von *Modellfällen* (Beispielen von ähnlichen Situationen etc.) genauer erklärt. Sie sind Merkmale, die ein Begriff unbedingt haben muss, damit wir das Wesen eines Dinges, das er bezeichnet, auch erkennen. Solche verwandten Begriffe, die das Glück näher charakterisieren, sind z. B. Begriffe wie Wunscherfüllung, Wohlbefinden oder der erfüllte Augenblick.[185] Im Folgenden werde ich versuchen, durch Beispiele und Erklärungen aus dem islamischen Bereich deutlicher zu machen, auf welche Art und Weise die Beispiele Brünings im islamischen Religionsunterricht zum Einsatz kommen könnten. Dabei handelt es sich keinesfalls um vollständige Aufzählungen, sondern immer nur um Denkanstöße zum selbständigen Weiterphilosophieren...

Modellfälle

1. Beispiele und Situationen

Die Kinder, so Brüning, können Beispiele und Situationen erzählen, die für sie modellhaft für einen Begriff wie Glück sind. Lehrerinnen und Lehrer sammeln diese Modellfälle mit entsprechenden Schlüsselwörtern an der Tafel (die Kinder können natürlich diese Schlüsselbegriffe auch selbst anschreiben). Schlüsselwörter für Glück, so Brüning, könnten z. B. sein: gesund sein, Freunde haben, in Frieden leben...

Für Menschen aus oder in einem religiöseren Umfeld hat das Wort „Glück" zwar zweifellos ebenfalls einige handfeste weltliche Aspekte, wie für alle anderen Menschen auch. Dazu kommt aber noch die spirituelle Dimension, die den Kindern und Jugendlichen im islamischen Religionsunterricht bewusster gemacht werden kann und soll. Was aber bedeutet „Glück" im islamischen Kontext? Der wohl bedeutendste Vertreter der islamischen Geistesgeschichte, Abu Hamid Al-Ghazali (gest. 1111) hat sich in seinem „Elixier der Glückseligkeit" mit dieser Frage beschäftigt. Wie Annemarie Schimmel schon im Vorwort kurz und prägnant festhält, ist Glückseligkeit bei Ghazali die Erkenntnis Gottes, die gleichbedeutend mit der Liebe Gottes ist und ihren Ausdruck in der Liebe zum Mitmenschen findet.[186] Ghazali schreibt weiters im Elixier der Glückseligkeit: „Wisse: Der Schlüssel zur Erkenntnis Gottes ist die Selbsterkenntnis. Darum ist gesagt worden: „Wer sich selbst erkannt hat, der hat seinen Herrn erkannt", und darum heißt es im Worte Gottes: „Wir werden sie unsere Zeichen sehen lassen an den Enden der Erde und in ihnen selbst, auf dass ihnen offenbar werde, dass es die Wahrheit ist." (Sure 41/53)".[187]

---

[185] Vgl. Brüning, 2001, S. 19f.
[186] Ghazzali, 1998, S. 6.
[187] Ebenda, S. 35.

Selbsterkenntnis und Gotteserkenntnis haben demnach einen unmittelbaren Zusammenhang, ich kann nur zu Gott gelangen, wenn ich einerseits die Wunder Gottes in der Außenwelt betrachte und andererseits in mich selber schaue und über mich und mein Dasein nachdenke. Es gibt also einen objektiven Außenweltbezug, und einen subjektiven Bezug, der meine innere Erfahrung betrifft. Der Qur'an ruft uns ausdrücklich auf, uns auch nach innen zu wenden.

Der Religionsunterricht kann muslimischen Kindern und Jugendlichen einen Möglichkeitsraum dafür anbieten, sich über ihre persönliche Beziehung zu Gott klarer zu werden und darüber, was ihnen diese Beziehung ganz konkret im Alltag „bringt". Dass Gott die Menschen erschaffen hat, um ihm zu dienen, heißt nicht, dass er in irgendeiner Weise auf uns Menschen angewiesen wäre. Wenn er uns aber nicht wirklich braucht, und wir trotzdem hier in dieser Welt sind, dann logischerweise aus einem Grund: nicht zu seinem, aber zu unserem eigenen Nutzen.

Ghazali schreibt, dass wer sich selbst erkennen will, bedenken soll, dass er aus zwei Dingen erschaffen wurde: einem Körper, den man mit dem äußeren Auge wahrnehmen kann, und einem Bewusstsein, dass mit dem inneren Auge wahrgenommen wird: dem Herzen.[188] Das Herz wurde für die jenseitige Welt erschaffen, *seine Aufgabe sei ausdrücklich die Suche nach seinem Glück.* Sein Glück bestehe aber in der Erkenntnis Gottes.[189] Ghazali begründet dann diese Behauptung so: Die Glückseligkeit besteht für jedes Ding in dem, woran es seine Lust hat und worin es seine Befriedigung findet. Für jedes Ding aber bedeutet Lust das, was seiner Natur gemäß ist – das seiner Natur Gemäße aber ist das, wozu es geschaffen ist. Ghazali nennt hier einige praktische Beispiele: Das Auge hat Lust an schönen Gestalten, das Ohr an lieblichen Tönen und Melodien. Dementsprechend bestehe die Lust des Herzens in dem, was seine besondere Eigenart ist und um derentwillen es geschaffen wurde: das ist die *Erkenntnis* des wahren Wesens der Dinge. Das Herz ist nach Ghazali somit eine (emotionale?) Erkenntnisquelle, und er führt weiter aus: wenn die Lust des Herzens in der Erkenntnis bestehe, dann ergebe sich weiter, dass, je größer und edler der Gegenstand der Erkenntnis sei, umso größer auch die Lust daran sein werde…es gebe aber kein edleres Wesen als Gott,

---

[188] Vgl. ebenda, S. 37f.
[189] Vgl. ebenda, S. 40.

er ist der Herr und König der ganzen Welt, alle Wunder der Welt sind Spuren seines Wirkens (vor allem auch der Mensch selbst, der „in der Schrift Gottes gezeichnet wurde"[190]). Daher gibt es nach Ghazali keine Erkenntnis, die edler und lustvoller wäre als die Erkenntnis Gottes, und keinen Anblick, der schöner wäre als der Anblick der Gottheit.[191]

Das Herz aber könne in dieser Welt nicht ohne den Körper existieren, es brauche ihn quasi als Transportmittel für die Sinne, um damit die Zeichen Gottes in der Außenwelt aufnehmen zu können. Der Körper wiederum habe, um sein Überleben sichern zu können, verschiedene Streitkräfte zur Verfügung (im psychologischen Terminus: Triebkräfte), symbolisiert durch z.B. den Hund, der für Aggressionen steht, und positiv eingesetzt zur Verteidigung dient. Der Mensch ist jedenfalls dazu angehalten, diese Kräfte zu kontrollieren und zu seinem Nutzen gezielt einzusetzen, um dadurch seine geistige Entfaltung voranzutreiben.[192]

Aus diesen Ausführungen von Ghazali ergibt sich eine zutiefst positive Einstellung des Menschen zu sich selbst und zur Welt: der Mensch ist aufgefordert, die Wunder Gottes in der Natur zu erforschen, sich selbst kennen zu lernen, um - ganz pragmatisch gesehen - sowohl im Diesseits als auch Jenseits glücklich zu werden. Weder der Körper, noch die Seele sollen vernachlässigt werden. Die Einstellung, dass die ganze Welt im Prinzip ein Zeichen Gottes darstellt, hatte historisch gesehen auch weitreichende Folgen für die äußerst positive Haltung der Muslime gegenüber der Wissenschaft, wie in Punkt 2.4 bereits kurz umrissen wurde. (Wissenschaftliche Erkenntnisse darüber waren bis vor kurzem nur der Fachwelt zugänglich.[193] Vor vier Jahren hat dann die britische Foundation for Science, Technology and Civilisation damit begonnen, muslimische Beiträge zur Zivilisation auf ihrer Webseite für muslimisches Erbe[194] allgemeinverständlich darzustellen und eine aktive Wanderausstellung[195] zu initiieren.) Das persönliche Empfinden von Schönheit, Befriedigung, Lust sind dabei wesentliche Elemente dieses Konzepts. Schönheit, so

---

[190] Vgl. Ghazzali, 1987, S. 40.
[191] Vgl. Ghazzali, 1998, S. 65f.
[192] Vgl. ebenda, S. 40fff.
[193] Vgl. http://www.scienceinschool.org/2006/issue3/missing/german [Stand : 18.10.08].
[194] Vgl. http://www.muslimheritage.com [Stand : 18.10.08].
[195] Vgl. http://www.1001inventions.com [Stand : 18.10.08].

die deutsche Islamwissenschaftlerin Doris Behrens-Abouseif, wurde in der vormodernen arabischen Kultur gemessen am Grad der Freude, die sie hervorruft.[196]

Nachdem Selbsterkenntnis ein wesentliches Element auf dem Weg zur Gotteserkenntnis darstellt, ist es immer wieder notwendig nach innen zu hören. Beispielsweise kann beim Erlernen gottesdienstlicher Handlungen wie z.B. dem Gebet oder dem Fasten immer wieder rückgefragt werden: Was bedeutet es für mich, zu beten? Empfinde ich dabei jene Dankbarkeit, die mir zu mehr Freude in meinem Leben verhelfen kann? Oder ist das Ganze nur eine „lästige Pflicht"? Was fühle ich im Monat Ramadan nach einem Fastentag ohne Essen und Trinken angesichts des gedeckten Tisches? Bin ich dankbar dafür, dass ich jetzt endlich essen kann? Freue ich mich auf das Essen?

Dementsprechend kann Glück für muslimische Kinder/Jugendliche u. a. auch bedeuten: Ich freue mich, dass ich es geschafft habe, (versuchsweise) einen Tag zu fasten. Ich bin glücklich, wenn ich im Monat Ramadan mit der ganzen Familie und vielen Freunden zusammen esse. Ich freue mich darüber, dass Gott mich mit diesen Menschen zusammengeführt hat... Älteren SchülerInnen kann das oben vorgestellte Konzept Ghazalis vorgestellt und darüber reflektiert werden: was bedeutet das jetzt für mich? Kann der Glaube an Gott mich glücklicher machen? Wie wäre meine Welt ganz ohne Gott...?

2. Wortfelduntersuchungen

Die Kinder suchen hierbei nach Brüning selbstständig nach Begriffen (Substantiven, Adjektiven und Verben), die ihnen spontan zu einem Begriff wie Glück einfallen: „Freude und Lust empfinden", „gute Freunde haben", „sich wohl fühlen"...Anschließend wird dann geprüft, welche Begriffe des Wortfeldes miteinander verwandt sind und als Modellfälle dienen können und welche nicht dazu passen. Denn Kinder schreiben oft auch Wörter auf, die ihnen gerade einfallen. Erst später stellen sie dann fest, dass sie nicht zu dem betreffenden Wortfeld gehören. Die Phase der Bearbeitung ist demzufolge eine Phase des Nachdenkens: Habe ich auch nur die wichtigen Wörter herausgesucht, oder gehören einige gar nicht dazu?

---

[196] Vgl. Behrens-Abouseif, 1998, S. 202.

Hierbei können im islamischen Religionsunterricht neben Begriffen aus dem allgemein-menschlichen Bereich auch Begriffe aus dem religiösen Bereich gewählt werden, z.B. im Fastenmonat Ramadan: was fällt euch alles dazu ein? Es könnte beispielsweise kommen: nichts essen, nichts trinken, nicht schimpfen, an die Armen denken, Morgendämmerung, Sonnenuntergang, Bayram (= Fest des Fasten-brechens), mehr beten, an Gott denken, den Eltern helfen, mehr Qur'an lesen,... In einem zweiten Schritt können die Ergebnisse nach Zugehörigkeit (äußerliche/innerliche Aspekte) und Priorität geordnet werden (siehe Begriffspyramide).

3. Begriffspyramiden

An der Spitze einer solchen Pyramide steht nach Brüning der Begriff, z. B. Glück. Die heraus gefundenen Modelfälle werden dann je nach ihrer Wichtigkeit für die Bedeutung des Begriffes in die Pyramide eingefügt, d. h., die wichtigen stehen ganz oben und die nicht so wichtigen weiter unten. Die Kinder sollen so angeregt werden, zu überlegen, ob alle herausgefundenen Modellfälle dieselbe Wichtigkeit für einen Begriff haben oder nicht. Beispiel:[197]

Es können auch drei Merkmale auf eine Stufe gestellt werden, z. B. gesund sein, Freunde haben und sich wohl fühlen, wenn die Kinder sich nicht einigen können. Es kann auch jedes Kind eine eigene Pyramide erstellen und diese z. B. mit derjenigen seines Nachbarn oder seiner Nachbarin vergleichen.

4. Deduktive Leiter

Ein abstrakter Begriff wie Glück, so Brüning, kann durch konkrete Sachverhalte anschaulicher gemacht werden. Veranschaulichen bedeutet, mit dem Einfachen zu beginnen und die Bedeutung schrittweise aufzubauen. Beispiel:

---

[197] Brüning, 2001, S. 22.

1. Stufe	Abstrakter Begriff, Behauptung, Hypothese	Glück
2. Stufe	Konkretion	Menschen können glücklich sein
3. Stufe	Beispiel	Ich war auch schon einmal glücklich.
4. Stufe	Ein Detail des Beispiels	Als Mama mit mir in den Zoo gegangen ist.

Ein Beispiel aus dem islamischen Bereich könnte sein: Dankbarkeit – Menschen können dankbar sein – ich war auch schon einmal dankbar – als ich im Ramadan gefastet habe und endlich essen konnte... Oder für ältere SchülerInnen: ...als ich eine schwierige Schularbeit bestanden habe - da habe ich aus Dankbarkeit 2 Raka'a (Gebetseinheiten) gebetet. Oberstufenschüler antworteten auf die Frage, was denn am Fasten für sie am schwierigsten sei, unterschiedlich: für den einen war der Verzicht auf Essen und Trinken am schwierigsten, für den anderen das Geduld-Üben beim „Nicht-Streiten" oder sich nicht provozieren zu lassen. Auch die Bedingungen in der Schule wurden thematisiert: aufs Essen zu verzichten, während die meisten doch essen, viel Einsatz beim Turnen...Daher fasten viele, vor allem jüngere SchülerInnen hauptsächlich am Wochenende, während andere (ältere) beim Fasten lieber in die Schule gehen, weil sie dadurch vom Denken ans Essen abgelenkt sind.

5. Satzbildung

Durch das Bilden von Sätzen wird der zu analysierende Begriff in einen Zusammenhang gestellt und in verschiedenen Kontexten erprobt: Glück ist..., wenn ich mit Mama in den Zoo gehe, denn das wollte ich schon immer einmal machen und jetzt ist es endlich so weit. Dieses Verfahren kann nach Brüning bei allen Aufgaben angewendet werden. Für den islamischen Religionsunterricht wären im Bezug auf das Thema Ramadan folgende Beispiele vorstellbar: Glück ist...wenn wir beim Fastenbrechen alle zusammen sitzen und zusammen essen...wenn wir beim Fasten daran denken, dass sehr viele Muslime weltweit gleichzeitig mit uns fasten...wenn wir beim Fasten etwas sparen können und das am Ende des Monats an Bedürftige weitergeben...

6. Gegenbegriffe

Anhand von entgegengesetzten Fällen werden Begriffe gefunden, die das Gegenteil des anderen Begriffes bilden. In unserem Beispiel wäre das Gegenteil von Glück

Unglück. Es ließen sich aber auch Gegenbegriffe wie Leid oder Unzufriedenheit anführen.[198] Hier ein Beispiel aus dem islamischen Bereich: nach der Nähe Gottes zu streben, bedeutet nach islamischer Auffassung den Weg zu Erfolg, Glück und Zufriedenheit zu beschreiten. In der Sure Al-Fatiha, die bei jedem Gebet obligatorisch rezitiert wird, bitten daher die Muslime darum, dass Gott sie auf „den rechten Weg leiten möge" und zwar „den Weg derer, denen du Wohlergehen hast zuteil werden lassen..."[199] Das Gegenteil von Wohlergehen oder Glück wäre demnach, weit von Gott entfernt zu sein, d.h. ihn nicht mehr bewusst wahrzunehmen und/oder seine Gebote zu missachten. Auf derartige spezifisch islamische Denkkategorien können die Kinder und Jugendlichen natürlich immer aufmerksam gemacht werden.

7. Linguistische Bedeutung

Bedeutungen von Begriffen lassen sich auch überprüfen, indem eine linguistische Untersuchung stattfindet, durch die man der ursprünglichen Bedeutung eines Wortes nachgehen kann. So bedeutet Philosophie beispielsweise Liebe zur Weisheit, abgeleitet von den griechischen Wortstämmen philos (Liebe) und sophia (Weisheit). Diese Bedeutung hat sich bis in die Gegenwart hinein in dem Sinne erhalten, dass Philosophie eine Problemdisziplin ist, die sich mit fundamentalen Fragen der Vernunft und ihrer Bedeutung für wichtige Lebensfragen beschäftigt.[200]

Alle religiösen Fachbegriffe im Islam haben arabische Wurzeln, wobei die linguistische Bedeutung immer auf den Kern der Sache hinweist. Das Wort „salah" – Gebet beispielsweise stammt von dem Wort „salla" mit der Grundbedeutung „verbinden" - so die deutsche Islamwissenschaftlerin Halima Krausen - ähnlich wie im Lateinischen „religio".[201] Der Fastenmonat Ramadan leitet sich aus der Wurzel „ramida" oder „arramad" ab und bedeutet soviel wie „brennende Hitze und Trockenheit", was auf das Hitzegefühl im Magen hindeuten kann, das vom Durst erzeugt wird.[202]

---

[198] Vgl. ebenda, S. 21ff.
[199] Übersetzung nach Zaidan, 2000, S. 25.
[200] Vgl. Brüning, 2003, S. 47.
[201] Vgl. http://www.geocities.com/Athens/Thebes/8206/hkrausen/gebet1.htm .
[202] Vgl. http://www.al-sakina.de/inhalt/bibliothek/25fragen_fasten.pdf .

Didaktische Anregungen zur Begriffsanalyse

Fragen, die das Nachdenken über Begriffe fördern, wären nach Brüning beispielsweise:

- *Was verstehst du unter dem Wort... Glück?*
- *Kennst du ein anderes Wort für ... Glück?*
- *Wann/in welcher Situation hast du das Wort... Glück schon einmal verwendet? Kannst du uns ein Beispiel geben?*
- *Was ist bei den Wörtern gleich, die du verwendet hast?*
- *Wodurch unterscheiden sich diese Wörter?*
- *Kennst du ein Wort, welches das Gegenteil des Wortes ... Glück ausdrückt?*
- *Kennst du Wörter, die mit dem Wort... Glück verwandt sind?*
- *Erinnerst du dich an eine Geschichte, in der das Wort... Glück eine wichtige Rolle spielte? Wie wurde dieses Wort in dieser Geschichte verwendet?*[203]

"Beim sich daraus ergebenden Philosophieren könnte man muslimische Kinder durch Beispiele aus ihrem Lebensumfeld darüber nachdenken lassen, was speziell aus muslimischer Sicht glücklich macht, und wie man auch andere daran teilhaben lassen kann (z.B. "sich in der Klassengemeinschaft wohlfühlen", "sich mit den Anderen verstehen", "die Geschwister oder Freunde miteinander versöhnen", "Mutter eine Freude machen", "Geschenke oder ein Ausflug zum islamischen Fest" ...). Und man könnte auch fragen, was Glück verhindert – z.B. familiäre Probleme, die die Kinder mitbekommen – und wie sie diese als Erwachsene vermeiden würden."

4.1.2 Argumentieren

Das Begründen von Meinungen (Behauptungen, Thesen, Überzeugungen) ist nach Brüning ein weiteres wichtiges methodisches Verfahren des Philosophierens. Jede geäußerte Meinung soll durch mindestens einen Grund gestützt werden, durch den sie in sich schlüssig erscheint. Nur begründbare Behauptungen und Meinungen können kritische Menschen überzeugen. Die Begründung kann dann im Weiteren wieder in Frage gestellt und dadurch überprüft werden, was dann als gültig (nach Brüning: warrant) bezeichnet wird.[204] In einer Informationsschrift zum Thema *Fastenmonat Ramadan* von Rüstü Aslandur, dem Vorsitzenden des Dachverbandes Islamischer Vereine in Karlruhe[205], werden sehr anschaulich viele Begründungen

---

[203] Brüning, 2001, S. 24.
[204] Vgl. ebenda, S. 25f.
[205] Vgl. http://www.ka-news.de/profil/index.php4?show=175 .

rund um das Thema Fasten dargelegt.[206] Mit älteren SchülerInnen können hier vor dem Lesen des Textes eigene Begründungen überlegt werden: Warum sollen wir überhaupt fasten? Was „bringt" denn das Ganze? Für Gott? Aber wird Gott davon reicher oder ärmer? Und wenn er das eigentlich nicht braucht, wer profitiert im Endeffekt davon...?

4.1.3 Sokratisches Gespräch

Brüning hält fest, dass ein sokratisches Gespräch sich von anderen Gesprächsformen dadurch unterscheidet, dass in ihm ein philosophischer Gegenstand diskutiert wird, bspw. Glück, Gerechtigkeit oder Freundschaft. Um mit den Kindern ins Gespräch zu kommen, können entweder Kinderfragen aufgegriffen werden, oder Kinderbücher oder –texte als Ausgangspunkt benützt werden (für Bespiele aus dem islamischen Bereich siehe auch Punkt 4.2.4 Medien für den IRU). Mit Jugendlichen der Oberstufe können auch einfache Beispiele aus der islamischen Philosophie verwendet werden, wie z.B. jene humorvolle Geschichte aus dem berühmten Kanon von Ibn Sina (Avicenna, gest. 1037) über einen „liebenskranken" jungen Mann, der an einem für die Ärzte unerklärlichen Leiden erkrankt war. Nachdem Ibn Sina eine Erhöhung der Pulsfrequenz des jungen Mannes bei der Erwähnung einer bestimmten jungen Frau festgestellt hatte, empfahl er eine Hochzeit, nach der der junge Mann dann auch tatsächlich endlich glücklich und geheilt war. (Diese Geschichte findet in einem aktuellen Beitrag von Univ. -Prof. Dr. Josef W. Egger (Universität Graz) über Biofeedback im Zusammenhang mit der Pulsdiagnostik äußerst positive Erwähnung.[207])

Brüning erklärt weiters, dass die Methodik des sokratischen Gesprächs von dem griechischen Philosophen Sokrates (470-399 v. Chr.) stammt, der auf dem Marktplatz von Athen mit jedermann über sie interessierende Probleme philosophiert hat. Sokrates kreise durch das Verfahren der Begriffsanalyse einen bestimmten Begriff oder ein Thema mit seinen Schülern ein, indem sie über verschiedene Bedeutungen des Begriffes nachdachten und für ihre Meinungen Argumente anführten. Dabei hat

---

[206] Vgl. http://www.al-sakina.de/inhalt/bibliothek/25fragen_fasten.pdf .

[207] Vgl. Egger, Josef W.: Biofeedback als angewandte Psychophysiologie, Online im WWW unter URL:
http://www.aekstmk.or.at/fortbildung/Biofeedback_als_angewandte_Psychophysiologie_4_2_2005.pdf
[Stand: 27.9.2008] S. 10ff.

Sokrates seine Schüler geführt und ihnen durch seine Art des Nachfragens Geburtshilfe für ihre eigenen Ideen geleistet. Deshalb nennt man die Methode des Sokrates auch Mäeutik (Hebammenkunst).

Die heutige Form der sokratischen Gespräche hat nach Brüning von dem historischen Sokrates die Methode des Selbstdenkens übernommen. Wenn Kinder philosophieren, dann sollten sie ihre eigenen Ideen zu einem philosophischen Problem entwickeln, wobei die Lehrerin oder der Lehrer dabei Hilfestellung geben sollten, indem sie nachfragen, Begriffe klären lassen oder die Kinder ermuntern, Gründe für ihre Meinungen anzuführen. Dabei sollen die Kinder in erster Linie selber denken, und nicht die Lehrerinnen und Lehrer für sich denken lassen![208]

Aufgaben von LehrerInnen in sokratischen Gesprächen mit Kindern

- Lenkung des philosophischen Gesprächs (Beachten und Zusammenführen der verschiedenen Gesprächsfaden der Kinder)
- gezieltes Nachfragen während des Gesprächs (Anregung zu Begriffsklärungen und Argumentationen)
- Zusammenfassen verschiedener Positionen
- Rückführung des Denkprozesses auf das ursprüngliche philosophische Problem, falls zu große Themensprünge auftreten: Kinder erzählen während eines sokratischen Gesprächs auch viele Erlebnisse und Geschichten, die auch zum Thema gehören. Wenn sie jedoch zu weit ausufern, sollte die Lehrerin oder der Lehrer die Kinder auf das ursprüngliche Problem zurückführen
- Koordinierung der verschiedenen Denk- und Gesprächsstile der Kinder (z. B. Vermeiden einer zu großen Dominanz Einzelner, z. B.: „Silke haben wir heute noch gar nicht zu Wort kommen lassen.")
- die Einhaltung der aufgestellten Gesprächsregeln überwachen
- Zusammenfassung der Ergebnisse am Schluss der Diskussion[209]

4.1.4 Gedankenexperimente

Gedankenexperimente regen nach Brüning beim Philosophieren dazu an, eigene Sichtweisen einer philosophischen Frage zu präsentieren, mehrere mögliche

---

[208] Vgl. ebenda, S. 27f.
[209] Ebenda, S. 31f.

Antworten in Gedanken durchzuspielen. Die Kinder können durch folgende Anregungen zu Gedankenexperimenten ermuntert werden: z.b. Was wäre wenn ...es keine Freundschaft auf der Welt gebe?

Um alle Kinder beim Philosophieren zu beteiligen (und nicht nur die verbal Starken), können im Unterricht auch immer wieder Gedankenketten geflochten werden: Stellt euch vor, es würde kein Mensch mehr auf der Welt sterben, wie sähe dann die Welt aus? Jedes Kind muss der Reihe nach einen Satz sagen, z. B.: „Dann wäre die Welt übervoll." „Dann hätten wir bald keinen Platz mehr...". Es darf nichts wiederholt werden, und wer nicht mehr weiter weiß, muss ein Pfand abgeben oder die Kette bricht ab und muss neu gestartet werden. Ein weiterer Vorteil der Gedankenkette ist, dass die Fähigkeit des Zuhörens geübt wird: Jedes Kind muss zuhören, was die anderen sagen, um nicht dieselbe Idee noch einmal zu bringen.[210] Gedankenketten im Sinne von Brüning könnten auch mit Beispielen aus islamischen Texten geflochten werden, z.B. im Zusammenhang mit dem Thema Essen im Monat Ramadan: "Warum heißt es im Qur'an 7:31 *Esst und trinkt, aber verschwendet nicht ...?* – Was wäre Verschwendung im Monat Ramadan? Was ist überhaupt Verschwendung? Wie kann man sie vermeiden?

4.1.5 Texterschließung

Hier geht es nach Brüning beim Philosophieren wieder darum, dass über fundamentale Probleme menschlicher Existenz nachgedacht wird, diesmal an Hand von Texten. Bei der **Texterschließung mit Anleitung** geben Leitfragen zu Texten eine gewisse Denkrichtung vor, weil bestimmte Sinneinheiten des Texts in den Vordergrund gestellt werden, und andere vernachlässigt werden. **Eigenständiges Texterschließen mit Anleitung** kann beispielsweise durch das Herausfinden von Schlüsselbegriffen realisiert werden. Die Anleitung tritt dabei eher in den Hintergrund. **Selbstständiges Texterschließen** ist im Deutschunterricht als Inhaltsangabe bekannt. Der Gedankengang eines Textes soll mit eigenen Worten wiedergegeben werden, oder die wesentlichen Gedanken in kurzer, knapper Form.[211]

---

[210] Vgl. ebenda, S. 33.
[211] Vgl. Brüning, 2003, S. 82, S. 84f, S. 86f.

Kreatives Schreiben

Am bekanntesten ist dabei nach Brüning das freie Assoziieren, wobei sich entweder jemand selbständig ein Thema sucht und darüber 5 Minuten frei schreibt, oder Begriffe vorgegeben werden. Es könnten auch zwei Begriffe in einen Widerstreit miteinander treten, z.B. Recht und Unrecht. Noch schwieriger ist die Vorgabe eines philosophischen Begriffs, zu dem weitere sinnergänzende Begriffe mit den Buchstaben des ersten Begriffs gefunden werden sollen. Beispiel:

V ielfalt   bringt die Vernunft in ihren Denkergebnissen hervor.

E rfahrung   ist die Grundlage der Vernunfterkenntnis.

R ationalität   ist eine Form der Vernunft.

N orm   ist eine vernünftige Verhaltensregel.

U rbild   oder Idee gilt als Motor der Vernunft.

N egation   ist ein Prinzip der Vernunft, um Erkenntnisse zu gewinnen.

F antasie   ist die Schwester der Vernunft.

T ranszendenz ist der Vernunft nicht zugänglich.

Mit älteren SchülerInnen könnte hier mit Begriffen sowohl aus dem islamischen als auch allgemeinmenschlichen Bereich experimentiert werden, wobei das Ganze m. E. nicht so ganz fachspezifisch wie in Brünings Beispiel ausfallen muss:

R egelmäßig jedes Jahr

A nfangen, darüber nachzudenken, dass

M ittel aller Art nur von Gott kommen.

A ausnahmslos.

D ankbarkeit als Grundeinstellung bei sich zu verankern ist der

A nfang von mehr Freude im Leben, die Chance auf einen echten

N euanfang.

D emut vor der Schöpfung.

A lles schätzen.

N ichts verachten.

K eine Verschwendung.

B leibende Einstellung.

A llah stets im Bewusstsein.

R egelmäßig durch Gebete ausdrücken.

K ein Gejammere mehr.

E infacher denken und leben.

I ntensive Freude ist das Ergebnis einer dankbaren Grundeinstellung.

T eilen gehört bestimmt dazu...

Bei der Doppelhirnmethode (Begriff nach Lutz von Werder) wird auf die linke Seite ein philosophischer Begriff geschrieben, der auf der anderen Seite durch einen poetischen Ausdruck z.B. eine Metapher, Vergleich oder Allegorie dargestellt wird. Beispiel nach Brüning: Fantasie - schwebende Flügel[212]

Hier ein Denkanstoß aus dem religiösen/islamischen Bereich:

Nahe bei Gott – Wärme und Geborgenheit, Licht, Glück...

Fern von Gott – Einsamkeit, Dunkelheit, Traurigkeit, Verzweiflung

Eine weitere Methode des kreativen philosophischen Schreibens sind nach Brüning *Kurzgedichte,* auch Elfchen genannt. Sie bringen in kurzer, knapper oder auch poetischer Form wesentliche Gedanken über ein philosophisches Thema zum Ausdruck.[213] Die Wortanordnung bei einem sachlichen Elfchen ist folgende:

1 Wort auf der ersten Zeile	Gerechtigkeit
2 Wörter auf der zweiten Zeile	ist Gleichheit,
3 Wörter auf der dritten Zeile	aber auch Ausgleich
4 Wörter auf der vierten Zeile	zwischen Menschen und Interessen,
und 1 Wort zum Abschluss	fortwährend.

---

[212] Vgl. ebenda, S. 92f.

[213] Vgl. ebenda, S. 99.

Ein mögliches Beispiel zum Thema „Glück" aus der Perspektive Ghazalis (siehe Punkt 2.1.1) könnte sein

1 Wort auf der ersten Zeile	Glück
2 Wörter auf der zweiten Zeile	ist Selbsterkenntnis
3 Wörter auf der dritten Zeile	aber auch Gotteserkenntnis
4 Wörter auf der vierten Zeile	in Liebe zum anderen
und 1 Wort zum Abschluss	ausgedrückt

4.2 Medien des Philosophierens

4.2.1 Verbale Medien

Wie bereits weiter oben bei Eva Zoller erwähnt können als Ausgangspunkt für philosophische Gespräche einerseits *Fragen von Kindern und Jugendlichen* dienen, sowie andererseits *Kinder- und Jugendbücher, kurze Geschichten oder Gedankenexperimente.* Wichtig ist wieder, dass es sich dabei um philosophische Themen wie Tod, Gerechtigkeit, Gut und Böse...handelt. Brüning betont, dass die Geschichten auf jeden Fall nicht zu lang sein sollten, da sie in erster Linie als Impuls zum eigenen Nachdenken dienen.[214]

Märchen faszinieren nach Brüning durch Fantastisches, Unerklärliches und Metaphysisches, wobei philosophische Probleme immer nur angedeutet werden und somit viel Raum zum eigenen Nachdenken bleibt. Die Erklärung von Begriffen und Symbolen muss begründet werden, daher wird argumentatives Arbeiten gefördert. In Märchen werden oft Grenzsituationen menschlichen Daseins dargestellt (Tod, Schuld...). Durch Grenzsituationen werden Menschen in ihrem physischen und psychischen Dasein erschüttert, daher beginnen viele, sich Gedanken über ihr Dasein zu machen. Brüning weist auch auf die Tradition des Märchenerzählens hin, die vor allem in östlichen Kulturkreisen sehr lebendig war. Brüning nennt als Beispiel u.a. die Rahmenerzählung aus „Tausendundeiner Nacht". Da König Schehriyar von seiner Frau betrogen wurde, hasste er alle Frauen, verbrachte jede Nacht mit einer

---

[214] Vgl. Brüning, 2001, S. 35.

anderen Jungfrau und ließ sie anschließend umbringen. Nur Scheherezade, der Tochter des Wesirs, gelingt es, zu entkommen. Sie erzählt dem König so schöne Geschichten, dass er in seiner Faszination jede Nacht eine andere hören möchte. Durch ihre Erzählkunst in 1000 Nächten hat sie schließlich nicht nur ihr Leben gerettet, sondern auch den König geheilt, der ihr seine Liebe gesteht. Brüning folgert, dass die Erzählerin durch ihre Erzählkunst eine Art Lebenshilfe praktiziert habe. *Philosophieren* stelle auch eine Art Lebenshilfe dar, im Sinne einer Denkhilfe zur reflexiven Durchdringung von Problemen mit grundlegender existentieller Bedeutung (z.B. Tod).[215] In „Anschaulich philosophieren" wurden einige Märchen zu philosophischen Themen für Jugendliche von Brüning als praktisches Beispiel dargestellt. Beispiel:

Zwei Kameraden (Thema Freundschaft)
Zwei Männer gingen durch den Wald, als ihnen plötzlich ein Bär begegnete. Der eine lief davon, kletterte auf einen Baum und versteckte sich, der andere blieb auf dem Wege. Da er nichts weiter tun konnte, legte er sich hin und stellte sich tot. Der Bär kam auf ihn zu und beschnupperte ihn. Der Mann hielt den Atem an. Der Bär beroch sein Gesicht, glaubte dass der Mann tot sei und ging davon. Als der Bär fort war, kam der andere Mann vom Baum herunter und fragte lachend: „Na, was hat dir denn der Bär ins Ohr geflüstert?" „Er sagte mir, dass alle Menschen schlecht seien, die den Kameraden in Gefahr verlassen." (Märchen von Leo Tolstoj, russischer Schriftsteller)

- Wie schätzt du die Freundschaft der beiden Männer ein? Formuliere deine Position schriftlich.
- Müssen Freunde in der Gefahr immer zusammen stehen? Begründet euren Standpunkt.
- Tolstoj hat dieses Märchen für die Kinder seines Dorfes geschrieben. Welche Absicht hat er deiner Meinung nach damit verfolgt?[216]

Aus dem Fundus von Geschichten aus der islamischen Welt können hier z.B. die heiteren, aber oft tiefsinnigen Geschichten von Mullah Nasreddin als Anregung

---

[215] Vgl. Brüning, 2003, S. 118fff.
[216] Brüning/Martens, 2007, S.50.

dienen. Nasreddin ist ein Held aus der türkischen Volksliteratur des 13. oder 14. Jahrhunderts[217], hier eine Geschichte als „Kostprobe":

Die richtige Seite (Thema: Haarspaltereien)

Eines Tages kam eine Gruppe von Religionsgelehrten zusammen, um über verschiedene Fragen zu diskutieren. Einer von ihnen stellte die Frage: "Sollte man bei einer Bestattung an der rechten oder an der linken Seite des Sarges gehen?" Sofort spaltete sich die Gruppe in zwei Lager. Die eine Hälfte vertrat diesen Standpunkt: "Nein, nicht an der rechten Seite, sondern besser an der linken." Die andere Hälfte dagegen behauptete das Gegenteil: "Nein, nicht an der linken Seite, sondern besser an der rechten." So argumentierten sie hin und her und konnten sich nicht entscheiden, welches die bessere Seite sei. Da kam zufällig Nasreddin Hodscha vorbei und die Gelehrten fragten ihn nach seiner Meinung. Der zögerte nicht lange und erwiderte fröhlich: "Es kommt nicht darauf an, ob du nun an der rechten oder der linken Seite bist, solange du nicht dazwischen bist!"[218]

Mögliche Fragen:

- Was haben die Gelehrten nach Nasreddins Ansicht wohl verkehrt gemacht?
- Was können wir aus der Haltung der Gelehrten, was aus Nasreddins Haltung lernen? Begründe Deine Standpunkte!
- Warum haben die Gelehrten ausgerechnet Nasreddin um Rat gefragt? Begründe Deinen Standpunkt!

Auch Lehrgedichte von Sa'di könnten ein guter Start zum Philosophieren mit Jugendlichen sein. Muslih ad-Din Sa'di (gest. 1290 oder 1292) war 30 Jahre in Ägypten und anderen arabischen Ländern auf Wanderschaft. Er studierte und sammelte Geschichten, Andekdoten und hat auch viele Lehrgedichte verfasst, wobei er Lebensweisheiten in erbauliche Literatur verpackte. Als kritischer Geist nahm er auch Religiosität ohne die tatkräftige Hinwendung zum Mitmenschen aufs Korn:

Frommer, werde beizeiten zum Weisen,

denn der Fromme denkt nur an sich.

Allem Lebendigen aber helfen die Weisen,

alles Wesen wird ihnen zum Ich.[219]

---

[217] Vgl. http://www.kandil.de/nasreddin/index.php .

[218] Vgl. http://www.kandil.de/nasreddin/comments.php?id=-die-richtige-seite_0_5_0_C .

[219] Vgl. http://religion.orf.at/projekt03/religionen/biographien/bi_sadi_fr.htm .

Mögliche Fragen:

- Was bedeutet hier wohl eigentlich „Frömmigkeit" für Sa'di, was Weisheit?
- Warum ist nach Sa'adis Verständnis Weisheit besser als Frömmigkeit? Begründe Deinen Standpunkt!
- Was kann der letzte Satz bedeuten: *alles Wesen wird ihnen zum Ich*?
- Der arabische Begriff „taqwa" wird oft mit „Gottesfurcht" übersetzt. Muhammad Asad (siehe Punkt 2.2.2) übersetzte ihn mit „Bewusstsein der Gegenwart Gottes". Worin könnte eurer Ansicht nach der Unterschied bestehen?

Auch **Fabeln** können Impulse zum Philosophieren bieten, vor allem für jüngere Kinder. Durch den Rückgriff auf Tierfiguren werde eine Distanz zu den eigenen Erfahrungen erzeugt, was eine Auseinandersetzung mit dem Thema erleichtert. Fabeln haben auch meist einen moralischen Kern, der sie für das Philosophieren interessant mache. Einige Beispiele zum Philosophieren mit Fabeln für Jugendliche finden sich ebenfalls in „Anschaulich philosophieren". Beispiel:

Festhalten (Thema Einsicht/Obsession)
In der Mulde einer Mauerspalte entdeckte der Affe eine Nuss. Gleich schob er seine flache Hand durch diese Enge, und glücklich hielt er bald die Nuss in seiner Faust. Doch durch den Spalt ließ sich die Faust nicht ziehen. Sie aber öffnen, hieße jetzt Verzicht. Was er erreicht hat, wieder aufzugeben, auf den Gedanken kam er nicht. Festhaltend, hielt ihn die Mauer fest – bis er verhungert war.

- Warum verzichtet der Affe wohl nicht auf die Nuss?
- Was wird dem Affen durch den Kopf gegangen sein, als er sich seiner Situation bewusst wurde? Schreibe einen inneren Monolog.
- Gibt es Ziele, die du hartnäckig verfolgst? Setzt du dir dabei Grenzen? Wenn ja, welche?
- Worauf könntest du verzichten? Worauf nicht? Begründe deine Entscheidung. [220]

Ähnliche Beispiele zum Thema Fabeln gibt es auch in der Literatur des islamischen Orients, z.B. *Kalila und Dimna* von Bidpai. Im Abschnitt 4.2.4 (Medien für den islamischen Religionsunterricht) werden einige davon vorgestellt.

---

[220] Liebchen, 1992, S. 7, (zit.nach, Brüning/Martens, 2007,S. 71).

Aphorismen umfassen nach Brüning Gedankensplitter zu einem (philosophischen) Problem, die in besonders geistreicher, manchmal auch witziger Form formuliert sind und in der Regel aus einem Satz bestehen. Sie sind im Grenzgebiet zwischen Philosophie und Poesie angesiedelt und bringen ein Werturteil, eine allgemeine Lebensweisheit, eine charakterliche Besonderheit oder eine unerhörte philosophische Begebenheit zum Ausdruck. Beispiel: *Glück ist Selbstgenügsamkeit* (Aristoteles). Nach Brüning kann der Aphorismus 5 - 10 Minuten gelesen und bedacht werden. Dabei ist zu überlegen: Welches Problem wird angesprochen? Was bedeutet das für mich? Die Denkbemühungen können in Stichworten erfasst und anschließend vorgetragen werden.[221] Hier ein arabisches Sprichwort als kurzes Beispiel: *Nicht jeder, der einen Bart trägt, ist schon ein Prophet…* Weitere Beispiele für Aphorismen folgen in Abschnitt 4.2.4.

4.2.2 Visuelle Medien

Nach Brüning können auch *Zeichnungen, Bildergeschichten, Fotos, Filme, Gemälde* etc. Impulse für philosophische Überlegungen sein. Einerseits können die Kinder durch die Bilder zum selber Zeichnen angeregt werden, oder aber die Kinder assoziieren Gedanken zu einem Bild und versuchen die philosophische Relevanz herauszufinden. Ausführlichere Hinweise zum Philosophieren mit Bildern und Filmen für Jugendliche werden in „Anschaulich philosophieren" gegeben.[222] Ein mögliches aktuelles Beispiel für den Einsatz eines Films im islamischen Religionsunterricht wäre der Film „Der Weg nach Mekka" von dem österreichischen Regisseur Georg Misch über den Journalisten, Linguisten, Übersetzer, Diplomaten und Theologoen Muhammad Asad (1900-1992). Das österreichische Bundesministerium für Unterricht und Kunst hat diesen Film mit einer Positivkennzeichnung versehen (sehr empfehlenswert ab 12 Jahren), da im Mittelpunkt von Asads Bemühen stets die Verständigung zwischen Orient und Okzident stand.[223] Für diesen Film ist bereits ein 32-seitiges PDF-Dokument für den Einsatz im Unterricht entwickelt worden.[224]

---

[221] Vgl. Brüning, 2003, 125ff.
[222] Vgl. Brüning/Martens, 2007.
[223] Vgl. http://www.bmukk.gv.at/schulen/service/jmk/detail.xml?key=DA566B6BDB484846BE626336908FCF16 .
[224] Vgl. http://www.schoool.at/jart/prj3/poool/data/downloads/MEKKA_WEB.pdf .

Zu den nicht-gegenständlichen Medien zählen nach Brüning auch **Cluster.** Sie dienen beim Philosophieren dazu, Gedanken zu einem philosophischen Begriff oder Problem zu assoziieren und diese in einen Zusammenhang zu bringen. So wird beispielsweise ein philosophischer Begriff vorgegeben und eingekreist. Er soll die Philosophierenden zu Gedankenassoziationen anregen, die sich in verschiedenen Assoziationsketten ordnen lassen, wobei Haupt- und Nebenzweige unterschieden werden können.[225]

4.2.3 Rollenspiele

Rollenspiele sind nach Brüning bereits für jüngere Kinder von Bedeutung, weil sie ihnen ermöglichen, mehr als nur die eigene Perspektive einzunehmen. Außerdem würde das Rollenspiel auch die Akzeptanz von Spielregeln fördern. Beim **nonverbalen Rollenspiel** (Pantomime) sollen wesentliche Eigenschaften eines philosophischen Problems durch Bewegung dargestellt werden. Hierbei wird die Fähigkeit zur Beobachtung geschärft, weil jemand eine Sache nicht nur spielt, sondern auch sieht, wie die anderen sie darstellen. Beispielsweise kann ein philosophisches Problem von zwei Partnern dargestellt werden, das andere erraten sollen. Ein **verbales Rollenspiel** bedeutet die Wiedergabe eines Theaterstücks, eines Buchausschnitts oder eines Märchens durch darstellendes Spiel. Durch das Philosophieren soll die Fähigkeit gefördert werden, das Wesentliche einer Sache herauszustellen. Auch die Fähigkeit, eine Rolle zu verändern solle im Vordergrund stehen. Beispiel: Erst wird eine Szene gespielt, in der eine Mutter ihr Kind ungerecht behandelt, danach werden die Rollen getauscht und es wird eine Szene gespielt, in der das Kind gerecht behandelt wird. Vor allem das spontane **soziale Rollenspiel** regt die Fantasie der Kinder und Jugendlichen an. Ein sie interessierendes philosophisches Problem kann durch eine Rollendarstellung realisiert werden. Beim selbst ausgedachten Rollenspiel überlegt sich jedes Kind die verbalen und handlungsbezogenen Aspekte der Rolle selbst und muss sich dabei mit den anderen Kindern abstimmen. Es muss nicht nur auf die Rolle geachtet werden, sondern auch auf die Einhaltung von festgelegten Spielregeln (Fähigkeit zur sozialen Identität). Das soziale Rollenspiel ist nach Brüning eines der wichtigsten Medien des Philosophierens mit Kindern, weil es den Kindern ermöglicht, Erkenntnisse in Verhalten umzusetzen. Als Beispiel nennt Brüning das Spiel: Regeln finden. Hierbei

---

[225] Vgl. Brüning, 2003, S. 137.

kann eine bestimmte philosophische Situation vorgegeben werden, z.B. Stellt euch vor, ihr seid eine Gruppe von Menschen auf einer einsamen Insel und müsst notgedrungen zusammenleben. Welche Regeln würdet ihr euch geben? Die Regeln sollten dann von den Kindern begründet werden.[226]

4.2.4 Medien für den islamischen Religionsunterricht

Zusätzlich zu den bereits genannten Beispielen können im islamischen Religionsunterricht an Hand der *Geschichten der Propheten* und der *großen Frauen im Qur'an* viele allgemein menschliche Fragestellungen thematisiert werden. In der Geschichte des Propheten Yusuf beispielsweise, dem biblischen Josef, spielt die Eifersucht unter Geschwistern eine Rolle, sowie die Themen Geduld, Gottvertrauen, Vergebung...Dabei können gar nicht alle Aspekte auf einmal beachtet werden, eine Auswahl ist unumgänglich. Im Qur'an selbst werden die Geschichten nie durchgehend erzählt, sondern immer mit dem „Spotlight" auf einem bestimmten Gesichtspunkt. Halima Krausen hat hier für ältere SchülerInnen und Erwachsene Prophetengeschichten zusammengetragen, übersetzt und bearbeitet.[227] Durch die *Lebensgeschichte des Propheten Muhammad*[228] und seine Überlieferungen (*Hadithe*) lassen sich ebenfalls viele Fragestellungen formulieren, z.B. Warum musste der Prophet seine Eltern und seinen Großvater schon so früh verlieren? Welche Weisheit könnte dahinter stecken? Unter den Aspekt „Mut zum Widerstand" werden *große Frauen im* Qur'an von Lamya Kaddor und Rabeya Müller gestellt: Maryam, die Mutter von Isa, dem biblischen Jesus; Balqis, die Königin von Saba und Asya, die Frau des Parao.[229]

Auch Fabeln aus *Kalila und Dimna* könnten verwendet werden. Durch das *Buch von Kalila und Dimna*, welches im 8. Jahrhundert von Ibn al Mukaffa vom Persischen ins Arabische übersetzt wurde, antwortet Bidpai, der Prinz der Philosophen auf verschiedene Fragen des Königs über die Freundschaft, die Aufrichtigkeit, das Vertrauen, die Lüge, den Hass, die Ungerechtigkeit und alle möglichen

---

[226] Vgl. Brüning, 2001, S. 42ff.
[227] Vgl. Krausen, 1982.
[228] Vgl. Paksu, 2004.
[229] Vgl. Kaddor/Müller, 2008, S. 180fff.

Verhaltensweisen der Menschen. Die Antworten haben die Form einer Folge von Erzählungen und kleinen Fabeln.[230] Hier ein Beispiel:

Der Kormoran und der Stern (Thema Illusionen)
Da war einst ein Kormoran, der entdeckte das Funkeln eines Sterns im Spiegel der ruhigen See. Er dachte, das sanfte Flimmern in den Wellen sei ein Fisch, stürzte sich ins Wasser und versuchte, ihn tauchend einzufangen. Natürlich hatte der Kormoran keinen Erfolg, und doch stürzte er sich hartnäckig immer wieder hinab in dem Glauben, durch stetes Bemühen allein schließlich sein Ziel zu erreichen. Am Ende war er so wütend und frustriert, dass er sich schwor, nie wieder nach einem Fisch zu tauchen. Von da an, wenn er auch ein elendes Hungerdasein fristete auf einer Diät von kleinen Krebsen, Garnelen und Muscheln, die er am Ufer fand, weigerte sich der Kormoran standhaft, nach Fischen zu tauchen, da er annahm, diese seien so unmöglich zu fangen wie der Stern auf dem Wasser.[231]
Anregungen zum Philosophieren:

- Welchem Irrtum erliegt der Kormoran?
- Wofür könnte der auf dem Wasser gespiegelte Stern stehen?
- Jagt ihr auch ab und zu nach Sternen auf dem Wasser?

Viele *Aphorismen* und kürzere Aussprüche des Propheten Muhammad, seiner Gefährten oder sufischer Persönlichkeiten finden sich in dem kleinen Buch *Weisheit des Islam* von Annemarie Schimmel. Einige Beispiele:

Die Weisheit ist das verlorene Schaf des Gläubigen; wo immer er sie findet, da ergreift er sie (Muhammad).[232] Mögliche Fragen zur Anregung:

- Was bedeutet eigentlich Weisheit?
- Warum kann es gut sein, danach zu streben?
- Was bedeutet die Sequenz: *„wo immer er sie findet"* für euch?

---

[230] Vgl. Moktefi, 1986, S. 66.
[231] Vgl. Bidpai, 1986, S. 130.
[232] Schimmel, 1994, S. 137.

Nicht derjenige ist stark, der den Gegner zu Boden schlägt, sondern derjenige, der sich nicht gehen lässt, wenn er gereizt wird.[233]

- Was bedeutet *„Stärke"* für euch?
- Was ist hier wohl mit *„sich nicht gehen lässt"* gemeint?
- Warum ist derjenige stärker, der sich nicht gehen lässt, wenn er gereizt wird? Begründet eure Standpunkte.

Als Gott die Schöpfung vollendete, schrieb er sich selbst vor: Meine Barmherzigkeit besiegt meinen Zorn.[234]

- Was ist eigentlich „Barmherzigkeit"?
- Worin könnte Gottes Barmherzigkeit bestehen?
- Was könnte diese Aussage insgesamt bedeuten? Begründet euren Standpunkt

Weiters sei noch auf den Geschichtenreichtum der Sufis hingewiesen, die schon seit vielen Jahrhunderten Geschichten als Transportmittel für tiefe Weisheiten verwenden. In der Positiven Psychotherapie nach Nossrat Peseschkian[235] werden u.a. viele orientalische Fabeln, Gleichnisse und Geschichten verwendet, da eine transkulturelle Sichtweise den Menschen einen neuen Blick auf alte Probleme und eingefahrene Problemlösungen ermöglichen kann. Die Geschichten dienen hier als Lebenshilfe (siehe Brüning / Märchen in Punkt 2.2.1) zur Vergegenwärtigung von Konzepten, die neue Handlungsmöglichkeiten eröffnen können.[236] Ein schönes Beispiel ist die Geschichte mit dem Elefanten aus dem Mathnawi von dem großen Mystiker Rumi, die zeigt, dass Kontroversen und Meinungsverschiedenheiten oft von der Warte abhängen, aus der man die Dinge sieht. Wichtig wäre dann, aufeinander zuzugehen und die andere Seite anzuerkennen, um Gemeinsamkeiten und Einigung zu erzielen:

Der Elefant (Thema Meinungsvielfalt)

Vier Inder, die nie zuvor einen Elefanten gesehen hatten, betraten einen dunklen Raum, in dem sich ein Elefant befindet. Der erste betastete im Dunkeln den Rüssel des Elefanten, kam heraus und erzählte, der Elefant müsse so etwas wie die Spitze

---

[233] An-Nawawi, 1996, S. 35.
[234] Abu-r-Rida, 1998, S. 28.
[235] Vgl. http://www.peseschkian-stiftung.de/index.php?article_id=6&clang=1 [Stand 13.6.08]
[236] Vgl. Peseschkian, 1999, S. 31.

eines Bootes sein. Der zweite Inder, der die Ohren des Elefanten anfasste, meinte, es müssten Fächer sein. Der dritte berührte den Fuß und versicherte, dies müsse eine Säule sein. Der vierte, der den Rücken des Elefanten streichelte, meinte, der Elefant müsse die Gestalt eines Thrones haben. Ein Weiser, der die vier Inder beobachtete, gab jedem der vier eine Kerze und schickte sie nacheinander in das dunkle Zimmer. Dieses Mal kamen alle mit derselben Meinung und Beschreibung des Elefanten heraus.[237]

Anregungen zum Philosophieren:

- Wer hatte eurer Meinung nach „recht"? Begründet euren Standpunkt.
- Wäre ein Streit unter den Indern ohne den Weisen wahrscheinlich gewesen? Warum? Warum nicht?
- Weise Menschen sind nicht unbedingt häufig anzutreffen. Was wäre aus eurer Sicht zu tun, wenn die Inder den Weisen nicht getroffen hätten?

Die Geschichte könnte auch ohne die Sequenz mit dem Weisen präsentiert werden, jeder könnte sich ein eigenes Ende überlegen, aufschreiben und den anderen vortragen. In der Diskussion können die verschiedenen Versionen besprochen und begründet werden.

Dieses Bild von Shirin Neshat wurde unter der Überschrift **„Allianz der Kulturen"** ins Internet gestellt:[238] Dazu könnten folgende Fragen als Anregung zum Philosophieren dienen: *Was seht ihr? Was löst das Bild bei der ersten Betrachtung bei euch aus?*

Welche Informationen gibt der Titel? Was bedeutet das Bild eurer Ansicht nach? Begründet euren Standpunkt.

Bei älteren Jugendlichen könnte auch Musik als Impuls zum Philosophieren dienen: der Song *„Another day"* von Dawud Wharnsby beispielsweise handelt von einem

---

[237] Vgl. Azzam, S. 14f.
[238] Vgl. http://www.tagesspiegel.de/magazin/wissen/Europa-Nahost-Philosophie;art15842,2383490 [Stand 13.6.09].

Gedankenexperiment: *Was würden wir tun, wenn wir nur noch einen Tag zu leben hätten?*[239]

Zain Bhikha behandelt mit *„Can't take it with you"* die Problematik, dass wir Konsum-Gewöhnten nichts von dem mitnehmen können, was wir für wichtig halten, wenn wir gehen...[240] Mögliche Fragen: *Was ist euch wichtig? Sind Computer und Co. für euch auch so wichtig, wie in dem Song dargestellt? Wenn ja, warum? Wenn nein, warum nicht?*

An Hand der kurzen, musikalisch begleiteten Videoclips dieser Website lässt sich sehr schön über die jedem Menschen bedingungslos zustehende Würde und Liebe philosophieren: http://www.hasanyonetoldyou.com/. Bei allen Beispielen empfiehlt es sich, die Song-Texte möglichst auf Papier zu bringen, damit die Reflexion in der Stunde darüber leichter fällt. Selbstverständlich kann auch mit Medien philosophiert werden, die keinen spezifisch „östlichen" Ursprung haben, beispielsweise über das von Goethe eingangs erwähnte Gedicht über den Orient und den Okzident, oder auch anderes, gänzlich ohne „östlichen" Bezug. Einige Beispiele:

Gott gebe mir die Gelassenheit,

hinzunehmen, was nicht zu ändern ist,

den Mut zu ändern, was ich ändern kann,

und die Weisheit, zwischen beidem zu unterscheiden.[241]

(Reinhold Niebuhr, gest. 1971, deutsch-amerikanischer Theologe)

Fragen zur Anregung:

- Was bedeutet Gelassenheit in diesem Zusammenhang?
- Worin könnte das bestehen, *„was nicht zu ändern ist"*?
- Was bedeutet Mut für euch?
- Worin könnte das bestehen, *„was zu ändern ist"*?
- Überlegt euch einige Minuten ein Beispiel aus eurem Leben oder eurer Fantasie, und tragt es dann den anderen vor!

---

[239] Vgl. http://www.youtube.com/watch?v=9V8XOmY72rQ [Stand: 13.6.08].
[240] Vgl. http://www.youtube.com/watch?v=8dtSRvyfxc4 [Stand: 13.6.08].
[241] Vgl. http://zitate.net/autoren/reinhold%20niebuhr/zitate.html [Stand: 13.6.08].

Beim nächsten Beispiel kann die Fähigkeit der SchülerInnen trainiert werden, zu unterscheiden, indem die Sicht von der Welt der beiden Denker verglichen wird:

Alle Wesen sind Buchstaben, von Gott geschrieben, und die ganze Welt ist wie ein großes Lied.[242] (Peter Rosegger, gest. 1918, österreichischer Schriftsteller)

Das Bild Adams ist mit Gottes Schrift geschrieben. Es ist die göttliche Schrift, die nicht in Form von Buchstaben existiert...(Ohne diese Barmherzigkeit wäre der Mensch unfähig, seinen Herrn zu erkennen. Denn nur derjenige, der sich selbst erkennt, kann auch seinen Herrn erkennen...)[243] (Al-Ghazali, gest. 1111, islamischer Theologe, Philosoph und Mystiker)

- Wie wird die Welt von Rosegger gesehen, und wie von Al-Ghazali? Wo liegen die Gemeinsamkeiten, wo die Unterschiede?
- Welche Schlussfolgerung zieht Al-Ghazali aus seiner Weltsicht?
- Können diese Weltsichten einen Einfluss auf die Achtsamkeit im Umgang mit der Natur und den Menschen haben? Wenn ja, warum? Wenn nein, warum nicht?

Zu guter Letzt sei im gedanklichen Anschluss an den achtsamen Umgang mit der Schöpfung auf die enorme Bedeutung der „Globalen Erziehung" (Global Education) hingewiesen. Wir können heute unsere Augen vor den wachsenden Gefahren, denen unser Planet ausgesetzt ist, nicht mehr verschließen. Die Zukunft unserer Kinder ist ein hohes Gut, das nicht leichtfertig verspielt werden darf. Was werden wir den nachfolgenden Generationen hinterlassen? Wichtig ist es besonders in diesem Bereich, jungen Menschen Handlungsmöglichkeiten aufzuzeigen, um sie nicht mit einem Gefühl der Ohnmacht allein zu lassen, nach dem Motto: hinter mir die Sintflut...! Es gilt, Verantwortung zu übernehmen: der Weltzukunftsrat (*The World Future Council*) hat die zentralen globalen Herausforderungen in 3 Kategorien unterteilt: Umwelt, Soziale Fragen sowie Wirtschaft und Politik.[244]

KidsCall ist die internationale Jugendkampagne des World Future Council zum Klimawandel. Kinder und Jugendliche können sich per Internet an der Kampagne beteiligen und ihre Ängste und Befürchtungen direkt an verantwortliche Politiker

---

[242] Vgl. Rosegger, 1999, S. 11.
[243] Vgl. Al-Ghazali, 1987, S. 40.
[244] Vgl. http://www.worldfuturecouncil.org/herausforderungen.html [Stand: 13.6.08]

mailen. Im Juli 2008 trafen sich die mächtigsten Politiker der Welt beim G8-Gipfel in Japan. Teilgenommen haben nicht nur die Regierungschefs von Deutschland, Frankreich, Großbritannien, Italien, Japan, Kanada, Russland und den USA (das sind die G8-Staaten), sondern auch die von Brasilien, China, Indien, Mexiko und Südafrika. Da diese 13 Länder die Hauptverursacher des Klimawandels sind, aber auch diejenigen mit der größten Macht ihn zu stoppen, schrieben die Kinder und Jugendlichen an sie, um ihnen mitzuteilen, was sie für den Klimaschutz und gegen die Umweltzerstörung tun sollten. 10.000 Jugendliche aus 45 Ländern haben so an die führenden Politiker der Welt in Videos, Briefen, Bildern, E-mails und Gedichten appelliert, mehr für den Klimaschutz zu tun. [245]

Erwähnenswert ist in diesem Zusammenhang BAOBAB, die österreichische entwicklungspolitische Bildungs- und Schulstelle. Hier finden sich in einer kleinen aber feinen Bibliothek viele wertvolle Unterrichtsmaterialen zum Globalen Lernen.[246]

---

[245] Vgl. http://www.kidscall.info/de/campaign.html [Stand: 13.6.08]
[246] Vgl. http://www.baobab.at/start.asp?b=200 [Stand: 13.6.08]

4.3 Stundenentwürfe

4.3.1 Unterrichtsskizze Sekundarstufe I

Im Rahmen der Schulpraktischen Studien hatte ich bereits Gelegenheit, das Modell des Philosophierens mit Kindern und Jugendlichen in einer ersten und siebenten Klasse Gymnasium auszuprobieren. In der ersten Klasse war in der Stunde vorher die Geschichte des Propheten Yusuf (Joseph) durchgenommen worden. Aufbauend darauf wollte ich den Aspekt der Geduld in der Geschichte hervorheben. Ein großes Plakat mit einem „Geduldbaum" sollte den Kindern bei der Visualisierung helfen: „geduldig sein – standhaft sein" sollte durch einen Baum symbolisiert werden, der Früchte trug. Dazu haben die Kinder sich bei der Stundenwiederholung erst an die Geschichte erinnert, wobei ich versucht habe, sie durch Fragen auf den Aspekt Geduld zu bringen (siehe Verlaufsplanung). Anschließend wurde ein Arbeitsblatt gelesen, auf dem Stellen aus dem Qur'an und einige prophetische Überlieferungen festgehalten waren. Die Kinder sollten die Stellen lesen und die Überlieferungen nacherzählen, wobei ich wieder durch Fragen auf die „Geduld" hinarbeitete. Schließlich sollten die Kinder nachdenken und sich Modellfälle, Beispiele aus ihrem Leben einfallen lassen, wie sie geduldig sein könnten. Diese Beispiele sollten auf Zettel in Apfelform geschrieben werden. Am Ende der Stunde konnte jedes Kind seine Überlegungen vor der Klasse vorlesen und mit einem Magneten am Geduldbaum befestigen, der an der Tafel hing. Die Kinder brachten folgende Beispiele aus ihrem Leben:

„Ich kann geduldig sein, wenn mein Bruder mich nervt, wenn ich mich in einer Reihe anstellen muss, wenn mir was weh tut, wenn ich im Park auf die Schaukel warten muss, wenn ich die Schularbeitsnote hören will, und einer der letzten Namen bin, wenn ich Computer spielen will, und jemand anderer ist gerade da, wenn ich auf die Sommerferien oder den Film im Kino warten muss, wenn ich auf das Fußballspielen im Turnsaal warte, wenn jemand gerade spricht – dann muss ich warten bis derjenige ausgesprochen hat, damit ich reden kann, ich warte bis die Schule vorbei ist, wenn die Stunde langweilig ist, muss ich geduldig warten…"
Die letzte Bemerkung wurde übrigens mehr als einmal genannt, was zeigt, wie anstrengend Schule schon für die jüngeren Kinder sein kann…

Stundenentwurf

Name: Abu-Subhieh Daniela   **Datum:** Donnerstag, 8.5.2008

Schulart: BRG 10, Ettenreichg. 41-43   **Schulort:** Wien   **Klasse:** 1

Unterrichtsthema: Geduld

Unterrichtsziele: Die SchülerInnen sollen wissen:

1. Dass Geduld bereits in der Geschichte des Propheten Yusuf vorkommt.
2. Dass das Thema Geduld im Qur'an und in der prophetischen Überlieferung häufig behandelt wird.
3. Können die Überlieferungen des Propheten Muhammad zum Thema nacherzählen.
4. Können sich an Hand der Beispiele des Propheten eigene Beispiele überlegen.
5. Können ihre Gedanken aufschreiben und den anderen SS präsentieren.

Plakatskizze:

Verlaufsplanung

Zeit	Lehrer-SchülerInnen Interaktion (Inhalte)	Sozial-formen	Medien
Einleitung ca. 10 Min.	FZ 1: Begrüßung und Wiederholung der letzten Stunde: die Prophetengeschichte von Yusuf unter dem Aspekt seiner Geduld. „Wer möchte die Geschichte vom letzten Mal erzählen? (Kind erzählt) OK – sehr gut, also ich fasse noch mal zusammen…und als er im Brunnen war, was hat er gemacht? → Gebet/Geduld. Im Gefängnis? → viele Jahre Geduld…am Ende war er ein hoher Minister - seine Geduld brachte im „Früchte". (Symbol: Geduld trägt Früchte…)	LSG	Plakat an der Tafel mit „Geduld-Baum" (noch ohne Früchte)
Erarbeitung ca. 15 Min.	Impuls: Hinweis auf Plakat mit „Geduld-Baum" – Wir haben jetzt gesehen, dass Yusuf sehr geduldig war, als er z.B. im Brunnen betete, im Gefängnis war… FZ 2 u. 3: Auch im Qur'an wird die Geduld oft erwähnt, lesen wir jetzt das AB dazu… SS lesen, L kommentiert, bei Wort „standhaft" Hinweis auf Baum – standhaft sein wie ein Baum!	SS, L	AB
Sicherung, Vertiefung ca. 10 Min	FZ 4, 5: „Wir haben jetzt gesehen, wie andere Menschen geduldig sein können, die Frage ist jetzt: „Wann und wie können wir geduldig sein, zum Beispiel in der Schule?" (einige Schülermeinungen mündlich sammeln) OK, sehr schön, ich möchte jetzt, dass ihr euch diese Gedanken aufschreibt, und zwar auf diese Zettel, ich gebe euch 5 Minuten zum Überlegen, dann könnt ihr eure Gedanken den anderen Kindern mitteilen: ich rufe einzelne Kinder raus, die kommen an die Tafel, lesen ihre Ideen vor und dürfen ihren Zettel dann an den Geduld-Baum kleben!	SS	Zettel in Apfel-form
	SS schreiben ihre Gedanken auf	SS	
Ausklang ca. 15 Min.	FZ 5: L ruft SS nacheinander auf, diese präsentieren ihre Texte, befestigen die Zettel am Baum. L kommentiert die Ergebnisse lobend.	LSG	Plakat an der Tafel mit „Geduld-Baum", Magnete

117

(Arbeitsblatt)

بسم الله الرحمن الرحيم

الصبر

Geduldig sein

Qur'an:

1. Gott spricht: Oh ihr, die ihr glaubt! Sucht Hilfe in Geduld und Gebet, siehe Gott ist mit den Geduldigen. (2/153)

2. Oh ihr die ihr glaubt! Seid geduldig und wetteifert in Geduld und seid standhaft und fürchtet Allah damit ihr erfolgreich sein werdet. (3/20)

3. Den Standhaften wird wahrlich ihr Lohn gegeben ohne zu rechnen. (39/10)

Geschichten vom Propheten Muhammad:

- Von Abu Huraira, Allahs Wohlgefallen auf ihm: „Ein Mann kam zum Propheten, Allahs Segen und Friede auf ihm, und forderte von ihm in grober Art und Weise die Rückzahlung seiner Schulden. Die Gefährten des Propheten wollten sich an den Mann heranmachen, und der Prophet sagte zu ihnen: „Lasst ihn, denn wer Anspruch auf etwas hat, dem steht auch das Wort zu!" (Buchari)

- Anas Ibn Malik berichtete, dass ein Wüstenaraber in der Moschee urinierte und die Leute aufstehen wollten, um ihn daran zu hindern. Da sagte der Gesandte Allahs, Allahs Segen und Friede auf ihm: „Unterbrecht ihn nicht in seiner Not!" Anschließend ließ er einen Eimer Wasser holen und über die Stelle gießen. (Buchari)

- Anas Ibn Malik berichtete ferner: „Ich lief neben dem Gesandten Allahs, Allahs Segen und Friede auf ihm, während er ein Gewand aus Nagran trug, dessen Verzierborte ziemlich grob war. Da kam ein Wüstenaraber an ihn heran und zog ihn so heftig am Gewand, dass ich das Schulterblatt des Gesandten Allahs, Allahs Segen und Friede auf ihm, sehen konnte, welches Reibspuren der Verzierborte auf Grund des heftigen Ziehens des Gewandes, aufwies. Der Mann sagte: „Du Muhammad, lass mir etwas von dem Geld Allahs geben, das sich bei dir befindet!" Der Gesandte Allahs wandte sich ihm zu und lachte und ließ ihm dann eine Gabe aushändigen."(Buchari)[247]

- Muawiya ibn al-Hakam as-Sulami (r) erzählte: Als ich einmal mit dem Gesandten Allahs (s) betete, musste einer der Betenden niesen, woraufhin ich zu ihm „Yarhamaku Allah"(Allah habe Erbarmen mit dir) sagte. Da warfen mir alle ärgerliche Blicke zu, und ich wusste nicht, was denn los sei. Also sagte ich: „Was schaut ihr mich denn so an?" Daraufhin begannen sie, mit den Händen gegen ihre Schenkel zu schlagen. Als ich bemerkte, dass sie mich zum Schweigen bringen wollten, wurde ich still. Als der Gesandte Allahs (s) das Gebet beendet hatte, kam dieser Vorfall zur Sprache...Ich habe keinen besseren Lehrer vor ihm oder nach ihm gesehen, der besser gewesen wäre als er. Bei Allah, er hat mich weder zur Rede gestellt, noch geschlagen, noch geschimpft. Er sagte: „Beim Gebet sollte kein Gerede zu hören sein. Alles ist Lobpreis (durch die Worte Subhan Allah) und Verherrlichung Allahs (durch die Worte Allahu akbar) und Qur'an-Rezitation..." (Muslim)[248]

---

[247] Alle 3 Überlieferungen aus: Rassoul, Muhammad: Lexikon der Sira, Köln, 1998, S. 205.
[248] An-Nawawi, Abu Zakariya: Riyad-us-Salihin/ Gärten der Tudendhaften, München, 1996, S. 278.

4.3.2 Unterrichtsskizze Sekundarstufe II

Zur Begründung der Themenwahl „Islam und Wissenschaft":

In einem Bundesrealgymnasium des 10. Wiener Gemeindebezirks sollte ich im Rahmen der Schulpraktischen Studien eine 7. Klasse unterrichten. In der 7. Klasse standen die SchülerInnen unmittelbar vor der Maturaklasse, vielleicht dachten schon einige daran, später einmal zu studieren. Die Motivation fürs Lernen, Lesen ist (vor allem in dem Alter) nicht immer so leicht aufzubringen. Dass man Gott durch das Erlangen von Wissen, durch Forschung, näher kommen könnte – diese religiöse Einstellung kann beim Motivationsaufbau helfen. Auch die Tatsache, dass die muslimische Kultur schon im Mittelalter einen positiven Einfluss auf Europa hatte, ist wichtig zu wissen. Der Islam und die Muslime werden durch Medien und Gesellschaft heute in unserem Kontext überwiegend als „problematisch" wahrgenommen. Eine bessere Kenntnis der eigenen Kulturgeschichte kann die Jugendlichen dazu anspornen, mehr von sich selber zu geben, in Richtung: ich will auch so eine Bereicherung sein/werden!

Nachdem das Thema im Unterricht bisher noch gar nicht behandelt wurde, war daher zunächst in der ersten Stunde und einem Teil der Doppelstunde ein minimaler theoretischer Input notwendig, der aus einer kurzen Power-Point-Präsentation und einer Filmvorführung bestand. Ein Arbeitsblatt mit anleitenden Fragen diente zur Unterstützung bei der Ersterschließung des Themas während der ersten (Einzel-) Stunde und der Doppelstunde. In der Doppelstunde am Freitagnachmittag erarbeiteten die SchülerInnen dann zusätzlich selbständig Plakate, auf denen sie ihrer Meinung nach wichtige Punkte darstellen sollten. Die SchülerInnen arbeiteten trotz des anbrechenden Wochenendes noch mit und begannen sich in 3 Kleingruppen lebhaft über das Thema auszutauschen. Sie schafften es in relativ kurzer Zeit, für sie wesentliche Punkte darzustellen und den anderen zu präsentieren. *Wesentliche Punkte waren für die SchülerInnen:* Der Einfluss der wissenschaftlichen Leistungen der Muslime auf Europa, der Kompromiss zwischen Sultan Saladin und König Richard Löwenherz als Beendigung der Kreuzzüge und Jerusalem als heilige Stadt für Juden, Christen und Muslime gleichermaßen.

Stundenentwurf

Name: Abu-Subhieh Daniela   **Datum:** Montag, 5. Mai 2008

Schulart: BRG 10, Ettenreichg. 41-43   **Schulort:** Wien   **Klasse: 7**

Unterrichtsthema: Islam und Wissenschaft (Miniprojekt über 3 Stunden)

Unterrichtsziele: Die SchülerInnen sollen wissen/wahrnehmen:

1. Dass es eine Blütezeit islamischer Kultur im Mittelalter gab.
2. Islamische Einstellung zur Wissenschaft.
3. Dass es Einflüsse der islamischen Kultur auf Europa gab.
4. Während der Kreuzzüge kam es in Europa nicht nur zum Feindbildaufbau „Islam", sondern eine kulturelle Beeinflussung fand statt.
5. Die Einflüsse kamen aus den Gebieten: Mathematik, Astronomie, Naturwissenschaft, Technik, Philosophie und Medizin.
6. Beiträge der Muslime zur Architektur und Kunst.

Verlaufsplanung 1. Stunde

Zeit	Lehrer-SchülerInnen Interaktion (Inhalte)	Sozial-formen	Medien
Einleitung ca. 10 Min.	Begrüßung, Austeilen des Notizzettels mit den Leitfragen zum Thema. Hinweis für die SS: Notizen machen!!!	LSG	
Erarbeitung ca. 10 Min.	FZ 1-6: Einführung ins Thema mittels Power Point Präsentation (Quelle: Bundeszentrale für politische Bildung: Der Islam in Wissenschaft, Kunst und Kultur, in: Islam/ Modul 1, 2005, S. 72-79).	LV	Laptop, Beamer,
Sicherung, Vertiefung ca. 20 Min	Filmvorführung Teil 1: Welt der Wunder/RTL II: Das geheime Wissen des Islam, Online im WWW unter URL: http://video.google.de/videoplay?docid=-378893905711837172 .		Laptop, Beamer, Internet-zugang für Film
Ausklang ca. 10 Min.	SS fassen gemeinsam mit L zusammen: was war besonders beeindruckend? Ankündigung der Gestaltung von Plakaten in Gruppenarbeit am Freitag.	LSG	

Stundenentwurf

Name: Abu-Subhieh Daniela   **Datum**: Freitag, 9. Mai 2008

Schulart: BRG 10, Ettenreichg. 41-43   **Schulort**: Wien   **Klasse: 7**

Unterrichtsthema: Islam und Wissenschaft (Miniprojekt über 3 Stunden)

Unterrichtsziele: Die SchülerInnen sollen wissen/wahrnehmen:

1. Ein Kompromiss zwischen Richard Löwenherz und Salah ad-Din (Saladin) beendete die Kreuzzüge.
2. Nach den Kreuzzügen: Beginn des Wissenstransfers.
3. Friedrich II, der Staufer: förderte Austausch mit muslimischen Wissenschaftlern in Sizilien.
4. Anerkennung der Leistungen muslimischer Wissenschafter würde gegenseitigen Respekt fördern.
5. SchülerInnen gestalten nach Brainstorming Plakate zum Thema.

Verlaufsplanung Doppelstunde

Zeit	Lehrer-SchülerInnen Interaktion (Inhalte)	Sozial-formen	Medien
Einleitung 16.10-16.20 ca.10 Min.	Begrüßung, Erinnerung an die vorherige Stunde, Erläuterung des Ablaufs der Doppelstunde, Hinweis für die SS: wieder Notizen machen!!!	LSG	
Erarbeitung 16.20-17.00 ca. 40 Min.	FZ 1-4: Filmvorführung Teil 2: Welt der Wunder/RTL II: Das geheime Wissen des Islam, Online im WWW unter URL: http://video.google.de/videoplay?docid=-378893905711837172 .		Laptop, Beamer, Film
Sicherung, Vertiefung 17.00-17.30 ca. 30 Min	FZ 5: SS gestalten Plakate zum Thema in 3 Gruppen, entweder Überblick oder einzelne Gebiete detaillierter (Interesse!). Methode: 1. Brainstorming in der Kleingruppe. Ordnen der gefundenen Gedanken, Ideen, Wissen → Plakat kann so systematischer gestaltet werden.	GA	Pack-papier, Stifte, Kleber, Tixo, Bücher
Ausklang ca. 20 Min.	SS präsentieren ihre gestalteten Plakate, Diskussion	LSG	Fertige Plakate

1. Wann kam es zu einer Blütezeit islamischer Kultur?

2. Wie war (und ist) die islamische Einstellung zur Wissenschaft?

3. Gab es Einflüsse der islamischen Kultur auf Europa? Wenn ja, auf welchen Gebieten?

4. Gab es Beiträge der Muslime zur Architektur und Kunst? Wenn ja, welche?

5. Wodurch wurden die Kreuzzüge beendet?

6. Was begann nach der Zeit der Kreuzzüge?

7. Wer förderte den Austausch mit muslimischen Wissenschaftern in Sizilien?

8. Was würde den Respekt zwischen MuslimInnen und EuropäerInnen fördern?

5. RESÜMEE

Bildung erschöpft sich nach Heitger nicht allein in der Ausbildung, sondern betrifft die ganze Persönlichkeitsentwicklung. Religion kann dabei helfen: in der Ausrichtung auf das Unendliche wird sich der Mensch der Aufgabe bewusst, sich in seinem Menschsein zu bestimmen und weiterzuentwickeln. Erziehung ist die im Dialog geleistete Hilfe zur Selbstbestimmung. Beim Philosophieren mit Kindern und Jugendlichen geht es um genau diese Begleitung bei der Bewusstwerdung, vor allem durch den sokratischen Dialog. Aus dem Wissen um mein Wissen, um meine Handlungen, um mein Selbst entsteht mein Selbst-bewusstsein. Kindern und Jugendlichen wird hierbei nicht nur einfach Wissen aufoktroyiert, sondern sie erhalten als gleichwertige junge Menschen die Möglichkeit, sich zu ihrem Wissen zu positionieren, eine Haltung einzunehmen. Die spezifisch menschliche Eigenschaft des „Über-sich-selbst-Nachdenken-Könnens" erhält so den ihr gebührenden Stellenwert: wenn mein Wesen als Mensch durch die Fähigkeit definiert ist, über mich und die Welt nachdenken zu können, dann macht es keinen Sinn, diese Fähigkeit nicht zu nützen. Erst durch den Einsatz dieser Fähigkeit können sich junge Menschen in ihrem Mensch-Sein entfalten lernen. LehrerInnen unterstützen diesen Prozess, der auch bei ihnen selbst noch nicht abgeschlossen sein kann, weil der Mensch ja kein Unendlicher ist...

Wer sich als Mensch auf das Philosophieren mit Kindern und Jugendlichen einlässt, wird sich vor allem selber im Vorfeld des Unterrichts stets fragen müssen: was bedeutet das denn jetzt eigentlich für mich? Dazu ist zu hinterfragen: was haben wir „Erwachsene" davon? Einen wesentlich bewussteren Umgang mit dem vorhandenen Material, mehr Freude an eigenen Erkenntnissen, Kinder und Jugendliche, die sich ernst genommen fühlen und sich dann im Unterricht ihre ganz eigenen Fragen zu stellen getrauen, die ganz bestimmt auch immer Existenzielles berühren werden. Wer weiß, welche neuen Perspektiven sich für einen selber durch die jungen Menschen ergeben...?

Auch für den Islamischen Religionsunterricht gilt es nach Behr, die Begegnung zwischen der Religionslehre des Islam und den jungen Menschen so zu gestalten, dass eine freie individuelle Orientierung und Positionierung zum Islam als Religion und Lebensweise ermöglicht wird. Ziel der Erziehung ist wie bei Heitger der mündige Bürger, was die Fähigkeiten Urteilskraft (*hukm*) und Unterscheidung sowie selbständiges Denken voraussetzt. Krausen hat festgehalten, dass ein Ringen um Selbstbestimmung und überlagerte Werte bei den MuslimInnen derzeit in vollem Gange ist. Das Wissen um den hohen Stellenwert des Wissens zur Blütezeit im Islam und die Hochschätzung des (gemeinsamen) griechischen Erbes kann die Basis für ein neues Bewusstsein gegenüber den MuslimInnen in Europa darstellen. Dabei sind die MuslimInnen aufgefordert, sich ebenfalls vermehrt ihrer positiven Beiträge zum Allgemeinwohl der Menschheit zu erinnern, um sich dadurch für die Gegenwart motivieren zu lassen. Im von der Europäischen Union ausgerufenen Jahr 2008 des interkulturellen Dialogs sollte auf die kulturelle Vielfalt innerhalb der europäischen Union hingewiesen werden: die Transkulturalität der europäischen Kultur (griechisch-römisches, biblisch-östliches, islamisches Erbe) bedeutet Bereicherung, Chance und Herausforderung zugleich. Auch islamische Einflüsse haben in diesem Bild ihren Platz, wie u.a. die Bundeszentrale politischer Bildung in Deutschland schon ausdrücklich festgehalten hat.

Philosophieren mit Kindern und Jugendlichen im Sinne eines gemeinsamen Nachdenkens über „Gott und die Welt" schult einige für junge Menschen in der interkulturellen Handlungssituation unerlässliche Fähigkeiten: die bewusste Wahrnehmung des „Eigenen" sowie des „Fremden" und die Fähigkeit der Abstimmung zu beiderseitigem Nutzen. Durch die Begegnung mit dem „Anderen" tun sich möglicherweise neue Wege und Perspektiven auf, der Horizont erweitert sich. Da im sokratischen Dialog innerhalb der Gruppe nicht nur ein Konsens entstehen kann, sondern auch ein Dissens, lernen die Kinder, verschiedene Standpunkte neben dem eigenen einfach stehen zu lassen. Dies im Hinblick auf die Einstellung: eine Vielfalt der Meinungen ist Bereicherung und macht die Welt bunter, lebendiger.

...jedem von euch haben wir eine ethische Richtlinie (shir'a) und einen Weg vorgegeben. Hätte Gott gewollt, Er hätte euch alle zu einer einzigen Gemeinschaft gemacht. Er will euch jedoch prüfen durch das, was Er euch gegeben hat. Wetteifert darum miteinander zum Guten. Zu Gott kehrt ihr alle heim, dann wird Er euch über das aufklären, worin ihr uneinig wart (Sura 5/48).

Anhang/Ergänzende Informationen

GLOSSAR ARABISCHER WÖRTER

azm	Standhaftigkeit
khalifa	Vertreter
hub	Liebe
hukm	Urteilskraft
idjtihad	selbständige Meinungs- bzw. Urteilsfindung
ihsan	Achtsamkeit, Anstand, Wohltat
iqra	Lies! oder auch: Rezitiere!
karama	Würde, Ehre
lina	Nachsicht, Weichheit, Zartheit, Rücksicht
rahma	Barmherzigkeit
ramadan	Fastenmonat
salah	das tägliche fünfmalige Gebet
schahada	Zeugnis, Islam-Bekenntnis
schura	Gegenseitige Beratung
shir'a	ethische Richtlinie
sunna	Lebenspraxis des Propheten Muhammad, vorbildhafte Vorgehensweise
taddabur	nachdenken, studieren
taqlid	blinde Nachahmung
tawwakul	Zutrauen, (Gott)Vertrauen und Zuversicht
wadschib	zwingend vorgeschrieben
wahdad al-wudjud	Einheit des Seins

Abkürzungen

IRU	islamischer Religionsunterricht
m.a.W.	mit anderen Worten
m.E.	meines Erachtens

LITERATURVERZEICHNIS

Monographien

Abu-r-Rida, Muhammad: Und Allahs sind die schönsten Namen, Köln, Verlag Islamische Bibliothek, 1998.

Al-Ghazali, Abu Hamid: Die Nische der Lichter, Hamburg, Felix Meiner Verlag, 1987.

An-Nawawi, Yahya: Riyad-us-Salihin/ Gärten der Tugendhaften, München, SKD Bavaria Verlag,1996.

Aslan, Adnan/ Aslan, Anette: Ramadan/ Monat des Korans/ Erleben und Feiern, Wien, Islamische Glaubensgemeinschaft in Österreich, 2006.

Azzam, Hamdy Mahmoud: Der Islam/ Geschichte, Lehre und Wirkung, Bindlach, Gondrom Verlag,1989.

Bidpai: Kalila und Dimna, Freiburg im Breisgau, Herder Verlag, 1986.

Böhm, Winfried/Ladenthin, Volker (Hrsg.): Marian Heitger/ Bildung als Selbstbestimmung, Paderborn, Verlag Ferdinand Schöningh, 2004.

Brinek, Gertrude/Schaufler, Gerhard (Hrsg.): Bildung zwischen Glaube und Wissen, Innsbruck/Wien, Tyrolia Verlag, 1991

Brüning, Barbara: Philosophieren in der Grundschule, Berlin, Cornelsen Scriptor, 2001.

Brüning, Barbara: Philosophieren in der Sekundarstufe 1, Weinheim, Beltz & Gelberg, 2003.

Brüning, Barbara/Ekkehard Martens (Hrsg.): Anschaulich philosophieren/ Mit Märchen, Fabeln, Bildern und Filmen, Weinheim und Basel, Beltz Verlag, 2007.

Bundeszentrale für politische Bildung: Islam/ Politische Bildung und interreligiöses Lernen, Modul 1, 2005.

Esselborn-Krumbiegel, Helga: Von der Idee zum Text/ Eine Anleitung zum wissenschaftlichen Schreiben, 3. Auflage, Wien u.a., Verlag Ferdinand Schöningh Gmbh & Co Kg, 2008.

Fromm, Erich: Haben oder Sein/ Die seelischen Grundlagen einer neuen Gesellschaft, 17.Auflage, München, Deutscher Taschenbuchverlag, 1988.

Ghazzali, Abu Hamid Muhammad Ibn-Muhammad al-: Die Nische der Lichter, Hamburg, Felix Meiner Verlag, 1987.

Ghazzali, Abu Hamid Muhammad Ibn-Muhammad al-: Das Elixier der Glückseligkeit, München, Eugen Diederichs Verlag, 1998.

Halm, Heinz: Der Islam / Geschichte und Gegenwart, München, Verlag C. H. Beck, 2000.

Hamidullah, Muhammad: Der Islam / Geschichte, Religion, Kultur, München, Islamisches Zentrum, 1991.

Kaddor, Lamya/ Müller, Rabeya: Der Koran für Kinder und Erwachsene, München, C.H. Beck, 2008.

Karmasin, Matthias/Ribing, Rainer: Die Gestaltung wissenschaftlicher Arbeiten/Ein Leitfaden für Haus- und Seminararbeiten, Magisterarbeiten, Diplomarbeiten und Dissertationen, 2. Auflage, Wien, Facultas Verlags- und Buchhandels AG, 2007.

Kant, Immanuel: Beantwortung der Frage: Was ist Aufklärung?, in: Kant-Werke, Bd. 9, Darmstadt 1968, zit. nach Heitger, Marian: Selbstbestimmung als regulative Idee der Bildung, in: Böhm, Winfried/Ladenthin, Volker (Hrsg.): Marian Heitger/Bildung als Selbstbestimmung, Paderborn, Verlag Ferdinand Schöningh, 2004, S. 19-34.

Kant, Immanuel: Grundlegung zur Methaphysik der Sitten, in: Kant-Werke, Bd. 9, Darmstadt 1968, zit. nach Heitger, Marian: Selbstbestimmung als regulative Idee der Bildung, in: Böhm, Winfried/Ladenthin, Volker (Hrsg.): Marian Heitger/Bildung als Selbstbestimmung, Paderborn, Verlag Ferdinand Schöningh, 2004, S. 19-34.

Knauth, Thorsten/Schroeder Joachim: Über Befreiung/Befreiungspädagogik, Befreiungsphilosophie und Befreiungstheologie im Dialog, in: Weiße, Wolfram (Hrsg.): Jugend-Religion-Unterricht/Beiträge zu einer dialogischen Religionspädagogik/Band 4, Münster u.a., Waxmann Verlag, 1998.

Krausen, Halima: Geschichten der Propheten aus dem Quran, Hamburg, Islamisches Zentrum Hamburg e.V., 1982.

Liebchen, Wilfried: Die Fabel heute, Rhön-Grabfeld, Fabel-Verlag Liebchen,1992, zit.nach, Brüning/Martens (Hrsg.): Anschaulich philosophieren/ Mit Märchen, Fabeln, Bildern und Filmen, Weinheim und Basel, Beltz Verlag, 2007.

Moktefi, Mokhtar: So lebten sie in den ersten Jahrhunderten des Islam (600-1258 n. Chr.), Hamburg, Tessloff, 1986.

Niewiem, Michael: Über die Möglichkeit des Philosophierens mit Kindern und Jugendlichen/ Auffassungen aus zweieinhalb Jahrtausenden, Münster, Waxmann, 2001.

Paksu, Mehmed: Muhammad – das Vorbild, Istanbul, Nesil, 2004.

Pescheskian, Nossrat: Das Geheimnis des Samenkorns/ Positive Stressbewältigung, Frankfurt am Main, Fischer Taschenbuchverlag,1999.

Protz, Siegfried (Hrsg.): Schule erleben/Unterricht unter dem Anspruch der Erziehung, Rudolstadt/Jena, Hain-Verlag, 2002.

Rosegger, Peter: Ausgewählte Kostbarkeiten, 19. Auflage, Lahr, St. Johannis, 1999.

Rudolph, Ulrich: Islamische Philosophie, München, C.H. Beck, 2004.

Schimmel, Annemarie: Weisheit des Islam, Stuttgart, Reclam, 1994.

Schweitzer, Friedrich/ Biesinger, Albert/ Edelbrock, Anke (Hrsg.): Mein Gott – Dein Gott/ Interkulturelle und interreligiöse Bildung in Kindertagesstätten, Weinheim/Basel, Beltz, 2008.

Zaidan, Amir: At-Tafsir / Eine philologisch, islamologisch fundierte Erläuterung des Quran-Textes, Offenbach, ADIB Verlag, 2000.

Zakzouk, Mahmoud: Al-Ghazalis Philosophie im Vergleich mit Descartes, in: Falaturi, A. (Hrsg.): Islam und Abendland, Band 5, Frankfurt am Main, Verlag Peter Lang, 1992.

Zakzouk, Mahmoud: Einführung in den Islam, Kairo, Arab. Rep. Ägypten, Ministerium für religiöse Stiftungen, Oberster Rat für islamische Angelegenheiten, 2000.

Zimbardo, Philip G./Gerrig, Richard J.: Psychologie, 7. Auflage, Berlin u.a., Springer,1999.

Zoller, Eva: Philosophieren lernen und lehren in der Volksschule, Basel, Univ. Arb. für d. Lizentiat, 1987.

Zoller Eva: Die kleinen Philosophen/Vom Umgang mit schwierigen Kinderfragen, Freiburg im Breisgau u.a., Herder,1995.

Aufsätze

Abid, Liselotte J.: Menschenrechte im Islam, 2. Auflage, Bonn, HUDA – Netzwerk für muslimische Frauen e.V., 2004.

Behr, Harry Harun: Grundriss islamisch theologischen Denkens im Kontext der Bundesrepublik Deutschland, in: Zeitschrift für Religionslehre des Islam (ZRLI), Heft 1, Nürnberg, 2007, S. 2-8, (zit. 2007a).

Behr, Harry Harun: Die Menschenwürde im islamischen Diskurs, In: Zeitschrift für Religionslehre des Islam (ZRLI), Heft 2, Nürnberg, 2007, S. 2-9, (zit. 2007b).

Behr, Harry Harun: Schon aufgeklärt?, in: Zeitschrift für Religionslehre des Islam (ZRLI), Heft 2, Nürnberg, 2007, S. 1 (zit. 2007c).

Behr, Harry Harun: Welche Bildungsziele sind aus der Sicht des Islams vordringlich? in: Schweitzer, Friedrich/ Biesinger, Albert/ Edelbrock, Anke (Hrsg.): Mein Gott – Dein Gott/ Interkulturelle und interreligiöse Bildung in Kindertagesstätten, Weinheim/Basel, Beltz, 2008, S. 31-47.

Böhm, Winfried: Zur Pädagogik Marian Heitgers/ Einige einführende Gedanken, in: Böhm, Wienfried/Ladenthin, Volker (Hrsg.): Marian Heitger/Bildung als Selbstbestimmung, Paderborn u.a., 2004, S. 7-17.

Enderwitz, Susanne: Islamisches Erbe in Europa, in: Islam verstehen, Sympathie Magazin Nr. 26, hg. vom Studienkreis für Tourismus, 1992/1993, S. 43, zit. nach Bundeszentrale für politische Bildung: Der Islam in Wissenschaft, Kunst und Kultur/ Einflüsse der islamischen Kultur auf Europa, Modul 1, 2005, S.72-79.

Falaturi, Abdoldjavad: Westliche Menschenrechtsvorstellungen und Koran, Köln, Gesellschaft Muslimischer Sozial- und Geisteswissenschaftler e.V., 2002.

Fournes, Angelika: Philosophieren mit Kindern – Eine Realisierungsform dialogischer Erziehung? in: Protz, Siegfried (Hrsg.): Schule erleben/Unterricht unter dem Anspruch der Erziehung, Rudolstadt/Jena, Hain-Verlag, 2002, S. 143-164.

Heitger, Marian: Braucht Bildung Religion? Braucht Religion Bildung?, in: Brinek, Gertrude/Schaufler, Gerhard (Hrsg.): Bildung zwischen Glaube und Wissen, Innsbruck/Wien, Tyrolia Verlag, 1991, S. 89-111.

Heitger, Marian: Selbstbestimmung als regulative Idee der Bildung, in: Böhm, Winfried/Ladenthin, Volker (Hrsg.): Marian Heitger/Bildung als Selbstbestimmung, Paderborn 2004, S. 19-34.

Krausen, Halima: Befreiungstheologie des Islam, in: Knauth, Thorsten/Schroeder Joachim: Über Befreiung/Befreiungspädagogik, Befreiungsphilosophie und Befreiungstheologie im Dialog, Münster u.a., Waxmann Verlag, 1998, S. 116-129.

Internet

Bayerisches Staatsministerium für Unterricht und Kultus: Fachlehrplan für den Schulversuch Islamunterricht and der bayerischen Grundschule, Bayern, 2004, Online im Internet unter URL: http://www.izir.uni-erlangen.de/docs/LP_IRU_GS_BY.pdf [Stand 25.2.08]

Bayerisches Staatsministerium für Unterricht und Kultus: Fachlehrplan für den Schulversuch Islamunterricht and der bayerischen Hauptschule, Bayern, 2006, Online im Internet unter URL: http://www.izir.uni-erlangen.de/docs/LP_IRU_HS_BY_2006.pdf [Stand 25.2.08].

Behr, Harry Harun: Islamische Bildungslehre, Garching bei München, 1998, Online im WWW unter URL: http://www.izir.uni-erlangen.de/docs/Behr_Bildungslehre_1998.pdf [Stand 25.2.08].

Heinzlmaier, Bernhard: Jugend unter Druck. Das Leben der Jugend in der Leistungsgesellschaft und die Krise der Partizipation im Zeitalter des Posttraditionellen Materialismus, Wien, 2007, Online im WWW unter URL: http://www.jugendkultur.at/Leistungsdruck%20Report_2007_jugendkultur.at.pdf [Stand 25.2.08]

VDM Verlagsservicegesellschaft mbH

Die VDM Verlagsservicegesellschaft sucht für wissenschaftliche Verlage abgeschlossene und herausragende

Dissertationen, Habilitationen, Diplomarbeiten, Master Theses, Magisterarbeiten usw.

für die kostenlose Publikation als Fachbuch.

Sie verfügen über eine Arbeit, die hohen inhaltlichen und formalen Ansprüchen genügt, und haben Interesse an einer hono-
rarvergüteten Publikation?

Dann senden Sie bitte erste Informationen über sich und Ihre
Arbeit per Email an *info@vdm-vsg.de*.

Sie erhalten kurzfristig unser Feedback!

VDM Verlagsservicegesellschaft mbH
Dudweiler Landstr. 99
D - 66123 Saarbrücken

Telefon +49 681 3720 174
Fax   +49 681 3720 1749

www.vdm-vsg.de

Die VDM Verlagsservicegesellschaft mbH vertritt

Druck: KN Digital Printforce GmbH · Schockenriedstraße 37 · 70565 Stuttgart